源远流长的中华孝文化

大连市老年学学会
大连市慈善总会 编

大连出版社

图书在版编目(CIP)数据

源远流长的中华孝文化/大连市老年学学会、大连市慈善总会编.
—大连:大连出版社,2010.6

ISBN 978-7-80684-971-2

Ⅰ.①源…　Ⅱ.①大…　Ⅲ.①孝—文化—中国—青少年读物
Ⅳ.①B823.1-49

中国版本图书馆 CIP 数据核字(2010)第 146935 号

出 版 人:刘明辉
责任编辑:孙德彦
封面设计:林　洋
版式设计:孙德彦
责任校对:于孝锋
责任印制:徐丽红

出版发行者:大连出版社
地址:大连市西岗区长白街 12 号
邮编:116011
电话:0411-83627375　83620941
传真:0411-83627375
http://www.dlcbs.com
E-mail:cds@dl.gov.cn
印　刷　者:大连图腾彩色印刷有限公司
经　销　者:各地新华书店

幅 面 尺 寸:170 mm×230 mm
印　　　张:8
字　　　数:81 千字
出 版 时 间:2010 年 6 月第 1 版
印 刷 时 间:2010 年 6 月第 1 次印刷
印　　　数:1~3000 册
书　　　号:ISBN 978-7-80684-971-2
定　　　价:24.00 元

祝贺中华孝文化普及读物面世

百善孝为先
公德筑和谐

二〇一〇年六月

序

中华文明源远流长，博大精深，独具特色，是东方文明的突出代表。它所包括的传统孝文化，则与整个中华文明一样古老，是中华文明的核心内容之一。孝文化的出现，可以追溯到中国奴隶社会的商代之前，兴于周代，制度化于汉代，不间断地传承至今，已有3000多年的历史。在我国的历朝历代，无论是汉民族，还是少数民族入主中原，对传统孝文化均取认同态度，积极引导，大力宣扬，推动着传统孝文化不断地延续和发展。在孝文化发展的过程中，也渗入许多消极乃至有害的东西，使之部分地背离讲求人道的本质。20世纪初发生的"五四运动"，对封建礼教的批判，也包括对愚孝的批判，这对中华民族的觉醒，具有积极的促进作用，但也带来了一些负面影响。现在我国正处在传统社会向现代社会的转变之中，家庭结构发生很大变化，敬老孝亲的观念日渐淡漠，众多青少年更是缺乏这方面的教育和理念，需要我们妥善地加以应对。

传统孝文化是以多发性和多元化的方式进行历史积淀的，但是它的主体部分始终不失为传统文化的宝贵历史遗产。几千年来，它陶冶着整个民族，影响至深，已经形成为中华民族的传统美德，构成为中华民族的人伦准则，表现出中华民族特有的伦理价值观和代际情感模式。古之孝道，《吕氏春秋》有书："众之本教曰孝，其行曰养。养可能也，敬为难。敬可能也，安为难。安可能也，卒为难。父母即没，慎行其身，不遗父母恶名，可谓能终矣。"孔子曰："夫孝，德之本也。"孙中山先生说；"讲伦理道德，国家才能长治久安。孝是无所不适的道理，不能没有孝。"谈到历史遗产，毛泽东同志说："从孔夫子到孙中山，我们应当给以总结，继承这一份珍贵的遗产。"胡锦涛总书记也指出，尊敬老人、关爱老人、照顾好老人，是一个国家文明进步的标志。古往今来，有识之士都认为"孝"为公德之本，诸善之源,人伦之体。

今天我们是在新的历史条件下来继承传统孝文化这份宝贵历史遗产的。因此,我们必须运用马克思主义的历史唯物主义观点,采取科学的态度,运用科学的方法,对传统孝文化进行挖掘、整理、总结、研究,取其精华,剔其糟粕,结合新的时代精神,使之既能够从主体上得以继承和弘扬,又能够融入现代文化、现实观念和世界文明之中,赋以其新的意义,更好地为现实服务,真正做到古为今用。

现在我们正在进行中国特色社会主义的伟大建设,更好地继承和弘扬传统孝文化,加强新的孝文化建设,对于我们进一步弘扬中华民族文化,加强社会主义精神文明建设,提高人们的思想道德修养,贯彻以德治国方针,构建家庭和谐,促进社会安定,维护老年人合法权益,应对人口老龄化挑战等,都具有重要的意义。

大连市老年学学会孝文化课题组的同志,在开展孝文化研究的同时,用近八个月的时间,编写了这本书。应该说这只是从弘扬孝文化的一个侧面,从青少年的角度,编写的一本通俗的青少年孝文化读物。目的在于提供给中小学教师教学参考和中小学学生阅读之用。孝道教育自古以来都是从青少年做起,并影响其终生。因此,加强青少年的孝文化教育十分重要。希望这本书在这个方面能够起到一点促进的作用,祈望广大教师和读者不吝指教。

本书的编写与刊印,得到了大连市慈善总会的大力支持和指导,十分感谢他们。通过开展传统孝文化的教育和宣传,增强更多人的感恩回报和孝敬之心,是慈善机构具有远见卓识的重要举措。它比在物质上给予老年人以救助,有着更为广泛深远的意义。

于尔明

前　言

为推进全国敬老爱老助老主题教育活动组织委员会发起的“全国敬老爱老助老主题教育活动”，大连市老年学学会孝文化课题组于2004年对市区和普兰店市的4所小学、4所初中和2所高中的21个班级的学生进行了以孝道认知情况和对孝道所持态度为重点内容的“孝亲敬老问卷调查”，同时辅以教师、家长座谈和社会随访。调查发现：有三分之一的学生对什么是孝道一无所知，大多数学生对中华孝文化知识相当贫乏，孝亲敬老意识相当薄弱。对此，学校领导与教师及广大家长热切期望编写一个普及孝文化的小册子，对广大青少年进行优秀传统孝道伦理教育。

根据调查结果和学校、家长的意见，在青少年中弘扬中华孝道文化，培育人文亲情，不仅对强化社会敬老氛围、推进精神文明建设，发展居家养老体制、构建和谐社会具有推动作用，而且对于青少年本身塑立健全人格、培育高尚情感、完善品德、提高素质也有着重要的奠基作用。在市老年学学会领导的重视、支持与指导下，孝文化课题组经过较长时间酝酿准备，于2008年初，组建了以赵增江、张执中为正、副组长的“孝文化普及读本”编辑工作小组，拟定了该书的编辑工作方案，小组成员按方案要求作了分工。历经七个多月，于2008年10月末完成全书初稿编写任务。

为了适应不同层次学生和适当考虑教师的需要，我们确定了通俗与学术相结合、现代与传统相结合、文字与配图相结合的编写原则。全书分为上、下两篇：上篇以通俗讲座形式与当代典型实例为主；下篇则以具有一定学术性的文章为主，阐述孝道的内涵及意义。为了让广大学生了解中华传统优秀文化，书后附录中，选录了古代先哲关于孝道的启蒙读物《孝经》、《弟子规》等优秀篇章语录的译文、解读和点评，只要用心阅读，辅以教师家长的帮助，相信中小学的同学们是会读懂和理解的。

孝文化课题组全体成员本着对青少年一代的殷切期望和崇高的社会责任努力贡献出自己的精力和才智，完成了调研和编写任务。他们在书中分担的任务是：

赵增江负责前言和“源远流长孝文化”的撰写；张执中负责“先哲论孝道”和“为什么要讲孝道”的撰写；李达顺负责“什么是孝道”一文的撰写；徐放、金淑桂负责书中“孝星”事迹的搜集编写；罗兴典、贺延明负责传统启蒙读物有关部分的摘编；张德民负责全书文稿的组织整理和统审统纂工作。

于尔明同志自始至终关心本书的编写工作，并为本书撰写了序言。

大连市慈善总会对本书的出版给予了大力的支持。

尽管参与编写的同志一片苦心与诚意可鉴，但由于时间紧迫，本书错误之处在所难免，望专家学者及教育界人士给予指正。

大连市老年学学会
大连市慈善总会

目　录

源远流长的中华孝文化 …… 1

一、孝之源泉在亲情 …… 6

二、中华美德重孝行 …… 12

三、美德必寓孝之心 …… 17

四、行孝在心需修养 …… 22

五、家重孝悌万事兴 …… 28

六、孝道必定泛爱众 …… 35

七、行孝还需讲礼貌 …… 40

八、孝敬父母知感恩 …… 46

九、多行孝道知有责 …… 53

十、尊老敬老心要诚 …… 59

十一、人生百行孝为先 …… 65

十二、孝者志远知荣亲 …… 72

十三、重行孝者非愚钝 …… 79

十四、敬老倡行筑和谐 …… 85

十五、普世共传孝文化 …… 90

践行孝文化 …… 97

一、践行孝道,展示莘莘学子之心 …… 97

——谈谈什么是孝道

二、中华美德孝文化 …… 103

——谈谈怎样行孝道

附录　中国古代孝文化典籍选读

一、传统孝文化启蒙读物:《孝经》 …… 111

二、《弟子规》选读 …… 116

源远流长的中华孝文化

2003年12月,中国老年学会在山东济南举办了一次“中华孝文化与代际和谐国际论坛”。这次大会向全国发出了倡议书,倡议书一共有八条,其中第四条专门对全国青少年提出要求:“加大对青少年孝道教育力度,让青少年从小懂得:关爱今天的老年人,就是关爱明天的自己,养成孝敬老人的良好习惯。”

现在有许多青少年对传统孝文化知之甚少,怎样去行孝道就更不清楚了。2004年大连市在城乡8所中小学校进行过一次关于孝亲敬老方面的问卷调查,小学有1/3、中学近1/3的人不知什么是孝道和怎样去讲孝道;有3%的人甚至认为学雷锋、做好事就是讲孝道。这说明大家对我国优秀的传统孝文化了解不多。

那么,怎样做才算是孝敬父母呢?中国人说的孝敬是:孝之行,敬为心。孝敬的关键是我们心中对父母的敬意,民间有“论心不论绩”的说法,就是说的这个意思。孝敬,包含两个含义:一是对老人关爱的行为;二是发自内心对老人的敬重。这个敬重,源于与父母亲情的血缘关系,子女对父母由情生爱,由爱生敬是很自然的事情。在《礼记·大学》中记载曾子的学生单居离的提问:“‘事父母有道乎?’曾子曰:‘有爱而敬。’”学生问曾子侍奉父母有什么原则要求吗?曾子回答:有爱才能对父母产生敬意。接着曾子还把孝分为三个层次:“大孝尊亲,其下不辱,其下能养。”尊敬父母是大孝,在它之下是不给父母带来耻辱,再下最低要求是能赡养父母。所以从古流传至今的“论心不论绩”的说法,就是说孝敬老人要时时刻刻把老人牵挂在心上,用心去体察父母的健康与情绪,实实在在地为父母做些事情。不论绩,就是不讲形式,不做表面文章,不以贫富作为衡量孝道的尺度。如有人在父母活着的时候不去尽孝,等老人死了却大办丧事,这对老人又有什么用呢!表面上好像很孝敬,实际是做样子给别人看。这种假孝真虚伪的行为只会落得众人背后的耻笑。以上所说的就是孝敬老人的总的含意。那么孝敬父母有什么具体要求呢?当今,剔除了封建糟粕的新孝道观只有三条六个字,这就是养亲、尊亲、悦亲。现在,就分别说说这三条六个字:

第一，养亲。就是赡养双亲，这是孝敬老人的最低要求。为什么说它是最低要求呢？孔子的大弟子子游问怎么做才是孝时，孔子回答说："今之孝者，是谓能养。至于犬马，皆能有养；不敬，何以别乎？"是说：现在人们说到孝，就是能赡养父母；就是狗和马也能得到人的喂养啊。对父母不从内心去孝敬，又怎么去区分呢？所以，父母含辛茹苦把儿女抚养成人，总不能只供养他们吃饭穿衣就行了吧！

我们做子女的永远不忘父母养育之恩，怀有感恩、报恩的心情是人之常情，也是每一个人坚守的基本道德准则。如果一个人不会感恩，或者不愿意感恩，只想靠别人施恩于己，那么发展下去会成为一个情感冷漠，极端自私的人，这样的人是很难在社会立足的，更别说去创造一番事业了。

那么，应该怎样去养亲呢？我们现在年龄还小，正在读书，谈不上赡养父母。但是，完全可以从小事做起，从一点一滴开始，去实现感恩的心愿。如除了自己的事自己做之外，还要帮助父母做些家务活，在农村的同学还要帮助父母做些力所能及的农家活，以减轻父母的劳累。在感恩父母、回报二老的问题上，我们要有一个紧迫感，因为"树欲静而风不止，子欲养而亲不待"。当我们看到父母渐渐生出白发，一天天变老，我们应当早一些，多一些尽一尽做子女的孝心，不给自己留下遗憾。

随着感恩之心的日积月累，爱的苗芽会在同学们的心中逐日增长，美好的心灵和道德观念也会逐步升华。要知道做一个会感恩的人能收获更多的人生幸福。

第二，尊亲。就是尊敬父母。要从内心里敬爱父母，在言行上尊重父母。我们伟大的祖国，自古以来就被称为"礼仪之邦"。孔子说："不学礼，无以立"。就是说不懂礼貌待人，他就不能在社会上立足。在《诗经·鄘风·相鼠》篇章里把不讲礼仪的人说得更严重："相鼠有皮，人而无仪。人而无仪，不死何为？"相，是看的意思；仪，是人知礼仪。这是说看那老鼠还有一张皮，人怎么能没有礼仪呢？人如果没有礼仪，不去死还干什么呢？这话虽然说得十分尖刻，可是人若没有礼仪，的确像不要脸皮一样。可见古代对不讲礼仪的人是深恶痛绝的。

党中央颁布的《公民道德建设实施纲要》把"明礼诚信"列在"爱国守法"之后。《大连市市民公约》的第一条就是"要礼貌待人……"都说明讲礼貌是遵守道德规范最基本、最重要的内容。我们尊敬父母不但要从内心敬重老人，并且也要用礼貌表露出来。要注意从身边的小事做起，如出门和回家向父母打声招呼，吃饭要等父母坐下后一起吃，有好吃的先让老人尝，同父母长辈说话态度和蔼，父母下班回家送上一杯茶，等等。在家尊敬父母，在外尊敬老人，如上车、购物礼让老人在先，乘车为老人让座等等。我们讲尊敬父母，并不是封建制度的等级压迫，今天的父母与子女完全是平等的、民主的。即便是封建社会，孝敬父母也不是让子女盲目服从，逆来顺受。孔子曾对曾子说："父有争(诤)子，则身不陷于不义。故当不义，则争(诤)之，从父之令又焉得为孝乎？"争，是诤的通假字，规劝之意。"就是说做父亲的有一个能敢直言规劝的儿子就不会陷于不义。所以，当父亲做出不义之事，就应直言规劝，盲从父亲的命令又怎么能称得上孝呢？"有一次曾子遭到父亲的棍棒殴打并没有躲避，孔子知道后对曾子说："汝不闻昔者舜为人子乎？小则待，大杖则逃……今汝委身以待暴怒拱立不去，汝非王者之民邪(读 y é)，其罪何如？"这是说："你没听说以前大圣虞舜为人子的时候吗？当他父亲用竹鞭打他就等着挨，用棍棒打他就快些逃。现在，你竟把身体迎着暴怒的父亲的棍棒而不快逃，难道你不是国王的臣民吗？这对你的父亲会带来什么样的罪过啊！"所以，我们对父母做错的事应当直言规劝，这也是对父母的另一种爱护与尊敬。

第三，悦亲。就是取悦于父母，让父母高兴。现在讲孝敬父母，一是物质上的赡养，二是精神上的赡养。物质上满足老人吃、穿、住、用的需要，比较容易做到。精神上的赡养，要满足老人的心理与精神上的需求，不让他们感到孤独、寂寞、自卑、悲观就比较难。精神赡养要比物质赡养更重要，因为心理与精神上的痛苦会对老人的身体健康有很大的损伤。那么，我们现在怎样才能让父母开心呢？首先，就是要好好学习，上课、复习、做作业等都不让父母操心；其次，就是遵守学校纪律、遵守社会公德，不做损害集体利益或公共设施的事，做一个懂事的好孩子，不让父母悬心。

现在的孩子大都是父母的独生子女，父亲、母亲、爷爷、奶奶、姥爷、姥姥那么多的长辈都非常疼爱我们，在生活上无微不至地关怀我们，怕我们饿着、累着。可是，这种饭来张口、衣来伸手的生活习惯，时间长了就会养成一种依赖和惰性，对于个人自理和自立能力的培养非常不利。培养少年儿童自理能力的标准要求是：3 岁应能自己吃饭，洗脸和穿鞋袜等；5 岁会整理自己的房间打扫客厅，帮家长洗碗筷，会给父母或亲属打电话等；9 岁会接待客人、给客人倒茶，会打扫楼梯，会灵活运用 110、119、120 等应急电话；11 岁会用洗衣机帮家长洗衣服，会为家庭做简单饭菜等；13 岁会照顾生病的父母，会熬中药和做保健食品等；15 岁、16 岁会送生病的父母或受伤的同学到医院挂号，寻求救助等等。从以上几个主要年龄段的标准可以看到，7 岁之前，我们就应该学会自己的事情自己做，8 岁以后就能帮助父母做一些事情，并慢慢掌握独立处理一些问题的能力，也就是从自理慢慢学会自立。

悦亲，还要求我们主动去破除代际隔阂，也就是人们常说的“代沟”问题。老一辈人所经历的时代、社会和所养成的生活习惯以及处理问题的方式方法，都与我们年轻的一代有很大的不同，这是很自然的事情。所以，老人看问题、做事情，我们做子女的有时不认同，甚至会产生反感，这也不奇怪。关键在于我们年轻人要理解、要体谅老人那颗“可怜天下父母心”，他们说的和做的出发点都是为子女好。所以，在与父母发生矛盾时，我们要平心静气地说明自己的观点和意见，用有说服力的道理说服他们。如果一时说服不了，也不要与父母闹翻，千万不要意气用事，更不能赌气做出过激的事，那样既对自己不利，又太伤父母的心了。更重要的是，我们长大成人，为国家做贡献，成为对社会有用的人才，那父母的心里才由衷地愉悦和自豪呢！

同学们，你们看，这三条要求并不高，作为子女的，只要对父母有亲情，这些要求都是很自然可以做到的，对吧？

由此，我们不仅明白了怎样去行孝，而且还得到了人生的三件“法宝”，这就是：通过怎样养亲，学会了如何感恩；通过怎样尊亲，学会了礼貌待人；通过怎样悦亲，学会了如何自立。为什么说知感恩、懂礼貌和能自立是人生的三件“法宝”呢？

知感恩。我们说一个人要有感恩意识，实质是培养健康情感，成就完美人生的基础。由于感恩是人的情感的表达，是人的爱心与善意的流露，所以，它又是建设和谐社会的基础。有些人不讲人的健康情感却让负面情感占据了头脑，就会出现贪婪、嫉恨、愤懑、报复、早恋等畸形心态，严重的甚至会走上犯罪道路。我们追求美好的人生，不仅要有知识，还要有道德，有情感，这三者是相互关联的一个整体。湖北省教育考试院原党委书记徐金山有一段话说得很精彩：“在现代社会，经济是实力，文化是魅力，情感是动力。动力激发活力，催生魅力，创造实力。”

懂礼貌。一个人生活在人间社会，就必须明礼，讲究人与人之间交往的待人之道。刚生下来的婴儿，从咿呀学语开始，就先学会叫爸爸、妈妈，从称呼上先尊敬父母。长大了对人若是彬彬有礼，会越发惹人喜爱，也会有越来越多的人愿意接近他。从小培养起来的人格魅力，对于我们以后养成联系群众、团结群众，具有集体主义的团队精神有很大帮助。一个人懂礼貌,同时他也懂得谦让人,尊重人,待人和气,谦虚谨慎,这样的人不仅走到哪里都会受到欢迎,而且又善于学人之长,补己之短,各方面的进步也会很快。所谓“虚心使人进步,骄傲使人落后”就是这个道理。那些不懂礼貌的人,只会招致人们的白眼甚至是厌恶,这样在社会上立足就困难了。

能自立。我们前面说过从小能自理,就是自己的事情自己做,为以后自立打下可靠的基础。大家知道我们正处在以科学发展观为指导,全面建设小康社会的新时期,党和国家需要大批的复合型创新人才。我们从现在起,就应锻炼自己的独立自主能力,以适应以后必然需要承受的各种困难、挫折,甚至是失败的压力;还要逐步加强自己的责任意识,以承担将来所要肩负的历史使命,为党和国家、为民族的兴旺发达做出更大的贡献。现在,有的人上了大学还不会洗衣服,让父母每周到学校把脏衣服拿回家洗好再送回来。可以设想,这样时时依赖老人的孩子,怎么能指望他们以后会挑重担呢?又怎么能相信他们以后会战胜困难与挫折呢!

以上说的人生这三件“法宝”,实际上就是做人的三件“法宝”。我相信每个同学都希望获得这三件“法宝”而成为一个坚强自立的人,那么,就让我们从孝敬父母这一人生起点做起,努力地按照上面所提到的认认真真地去做,把我们的孝心献父母,爱心献社会,热心献事业,忠心献祖国,筑造起完美健全人格和崇高道德修养的根基。

下面，咱们就具体地谈一谈中华孝文化的内容和我们到底该怎样行孝道，以及怎样做一个具有良好道德修养的中华好少年。

一、孝之源泉在亲情

还记得那首歌吗？“世上只有妈妈好，有妈的孩子像块宝，投进妈妈的怀抱，幸福享不了。”父母把我们带到这个世界，辛辛苦苦地把我们养大，他们的亲情是最珍贵的，他们的恩情是我们永远报答不了的。我们都爱自己的父母，正是那浓浓的父母之亲情让我们牢记：要尊重父母、孝敬父母，用我们诚挚的孝心侍奉父母，直到他们终老。这是我们做子女的愿望和本分。

辽宁西部的朝阳山区，零零星星地分布着一些山坡地。有一天，一位母亲带着两岁的孩子在坡地上干活，坡地的附近是一大片山林。她将孩子放在地头，开始下地侍弄庄稼。不一会，突然听到孩子撕心裂肺地哭叫声，回头一看，是一只狼正咬着孩子往树林里拖。妈妈立即追了过去，想从狼嘴里把孩子夺下来，可是狼却不肯松口。情急之下，她把自己的胳膊送到狼的嘴边，一阵僵持，狼把孩子放下，咬住了她的胳膊。附近村民听到哭喊声，纷纷赶来，等到把狼赶走后，这位妈妈已经精疲力竭地倒在了血泊里。

2006年的贵州山区大滑坡，倒下的泥石流埋掉了许多房屋。武警战士在抢救中挖开一座房子的楼板，眼前的情景让他们惊呆了：一对母女被压死在床上，妈妈的身体压在孩子的身上，四肢伸张，胳膊断裂，手已青紫，显然她是为保护孩子在死死

地支撑，直到用尽最后一点气力。在汶川大地震中，也有这样遇难的母亲：胳膊护住孩子，喂饭的碗和勺还在手边。当灾难来临的时候，母亲们的第一反应就是保护孩子。

父亲呢，父亲的天职就是保护妻子儿女。在西方，每当有难，男人们总是先让妇女儿童转移，自己担当抵挡灾害的责任，面对强敌，不惜战死。“泰坦尼克”号的沉没，使那么多人葬身海底，少数获救的几乎都是妇女儿童，男人们表现出了强烈的责任感和牺牲精神。

父亲的爱往往是深沉的。他们对子女可能更严厉，也许不会像母亲那样絮絮叨叨，然而在无言的内心里，却深藏着对子女成长的期待和厚望。

父母的爱都是无私的，父母的爱都是真挚的。法国作家小仲马写道：“世界上只有一种爱是深厚的、真实的和始终不渝的，那就是母爱。”父母的爱不需要任何回报，他们只希望儿女好好长大，希望他们生活得比自己更好。儿女们的一点微薄的孝心，足以使他们心满意足，甚至热泪横流。

同样的亲情，西方人不讲“孝”只讲“爱”：父母爱子女，子女爱父母。而我们中国，则在很早以前就把这种“慈爱”放在人伦道德的规范中，并把它称为“孝道”。

先哲言道：“故父母之于子女也，子女之于父母也，一体而两分，同气而异息。若草莽之有华实也，若树木之有根心也。”“孝子之重其亲也，慈亲之爱其子也，痛于肌骨，性也。”意思是：父母对于子女，子女对于父母来说，乃是一个整体分为两个部分，精气相通而呼吸各异，就像草木有花有果，也像树木有根有心一样。孝顺的子女敬爱他们的父母，慈祥的父母疼爱她们的子女，这是一种刻骨铭心的亲情挚爱，是人类的天性啊！《诗经》上讲：“哀哀父母，生我劬劳。哀哀父母，生我劳瘁。父兮生我，母兮鞠我。附我畜我，长我与我。顺我复我，出入腹我。欲报之德，昊天罔极。”意思是：可怜我的父母，生我养我多么劳苦。可怜我的父母，生我养我多么憔悴。父亲你生养我，母亲你养育我。亲抚我爱护我，培育我教育我。照料我牵挂我，出门进门怀抱着我。我想报答你们的养育之恩，想不到天意无常，再无机会。

扇枕温衾

东汉时，有个学者叫黄香，字文强，从小受到父母的疼爱，他也懂得疼爱和孝敬父母。非常不幸的是，到了他九岁的时候，母亲便因病去世了。小黄香伤心欲绝，常常因思念母亲而独自流泪，乡里人都被他感动并称赞他的孝道。从此以后，黄香把对父母的爱都集中在父亲的身上，一心尽孝，侍奉父亲就更加殷勤。夏天酷热难当，他每天都在睡前用扇子把父亲的枕席扇凉；冬天寒冷，他就每天先用自己的身体把被子暖热，然后再请父亲安睡。事情在当地四处传颂，当时的太守刘护对他大加赞赏。古人有诗称赞说：

冬天温衾暖，炎天扇枕凉。
儿童知子职，千古一黄香。

33年爱心接力，父亲终于站起来了

皇明太阳能集团董事长黄鸣，是个事业上的成功人士，当选过中国民营经济十大风云人物。胸怀博大、叱咤风云的商界骄子，不忘根本，老实做人，在家还是个大孝子。

黄鸣的父亲黄宏根在1964年患上了末梢神经炎，下肢失去知觉，再也不能走动。那时黄鸣只有6岁。

12 岁时，黄鸣从无锡姥姥家回到了聊城。当时母亲上班，奶奶照顾父亲还要干家务，小黄鸣就成了家里的小大人。从此父亲上床下床，大便、小便，外出看病理发，都由黄鸣来抱，抱不动就背。闻着父亲身上的药味，抱着皮包骨头的父亲，黄鸣心里别提多难受。从 12 岁那年开始，黄鸣是抱着父亲长大的。

长期卧床的父亲，脾气变得很暴躁，常常是没事找事，乱发脾气。每当遇到这种情况奶奶和妈妈总是微笑着劝说，他们那充满爱心的话语，像静静小河中的甜水，流进父亲的心田，也感染着小黄鸣的心。母亲从图书馆借了许多名著让父亲读；奶奶精心为父亲调剂伙食，小黄鸣就经常搂着爸爸讲些学校的事情和逗爸爸开心的笑话。一家人的温暖给了父亲生活的勇气和乐观的心境。

黄鸣上大学后，妹妹就接过他的班，帮助母亲照顾父亲。妹妹结婚后，妹夫接下了抱父亲外出的任务，再后来外甥长大了，也加入到照顾父亲的行列中来。后来，黄鸣创办了皇明太阳能集团，回家的时间少了，他的妻子就带着女儿经常回家探望父母，帮助母亲和妹妹照顾父亲。

奶奶、母亲、妹妹、妹夫、外甥、妻子、孙女，三代人为了父亲的康复，用 33 年接力组成了一条生命的爱河，让父亲快要干枯的生命之树，又长出了绿叶。黄鸣全家永远记住的一天是 1997 年 10 月 5 日：卧床 33 年后，67 岁的父亲竟像一岁多的小孩那样，歪歪扭扭地在地上走了几步，这真是爱心和孝心创造的生命奇迹。

当妹妹在电话里告诉黄鸣这个消息时，他惊呆了，泪水顿时涌了出来。黄鸣把父亲接到了自己的公司，背着父亲从一楼一直参观到四楼。这一举动在公司传开后，员工们都说黄鸣是“大孝子”。黄鸣感慨地说：“世界上最珍贵的不是财富，而是亲情。有父母在，是多么幸福，多么让人欣慰！”

照片长留父母影 慈孝相亲在心中

2005年4月29日晚10时，在大连港湾桥附近一家酒店内，年近半百的摄影家焦波泪流满面，他用近乎低沉的声音讲述着30年来为父母拍照前前后后的故事。他说："孝比天大。"

1956年，焦波出生于鲁西一个小山村。他是家里最小的孩子，在父母40多岁后才来到这个世界上。打小他就特别爱哭，老也离不开自己的爹娘，爹娘一生病他会哭得更厉害。父母在慢慢变老，焦波也渐渐长大，每当想到总有一天爹娘会离开他时，心头总是被一种巨大的悲哀冲击着。

焦波第一次接触照相机是在参加工作以后。一位女同事有台老式照相机，他用这台相机，拍下了父母的第一张照片。那一年，焦波只有18岁。

焦波说："上世纪80年代末90年代初，是我给双亲拍照最多的时候，那时爹娘已经80多岁了。我开始有一种紧迫感，总想抢时间，想尽可能多地留住他们的身影，有时候一拍就是几卷胶卷……"那时我母亲有句话，她说："快点照吧！快点照吧！再不照就来不及了……"就这样，给父母拍照持续了30年。他不停地拍摄的目的只有一个，用相纸留住父母的容颜。

焦波的父母在山东淄博一个叫天津湾的小乡村生活了一辈子，从来没有去过北京。为此，1996年10月26日，他专门把父母接到北京旅游，看天安门、游故宫、逛大观园，并为他们拍摄了大量生动的照片。

1999年农历正月十五，母亲突然病危，当时医生说母亲没有抢救的必要，救过来也是植物人。焦波决定给母亲照相，在房间里换上一个大灯泡，让自己的外甥给他和母亲照张合影。瞬间，他发现母亲眼皮一动，手也在抖，于是母亲奇迹般地又苏醒过来了。母亲不但没有成为植物人，而且恢复得很好。就这样，他用照相机又换回了母亲整整五年的生命。

2001 年 7 月 11 日，焦波在父母结婚 70 周年的日子里，陪伴他们坐飞机又逛了一次北京，实现了两位老人的心愿。

2002 年 12 月 17 日，焦波的父亲躺在医院里面，他悲痛至极。父亲在弥留之际，依然断断续续地说，"我的儿子是焦波，他是个摄影家，儿子给我照了好多相，还在北京剪了彩……"父亲走了，焦波抱着父亲的照片哭喊："爹，我再也不能给你照相了！"

父亲去世的消息一直瞒着母亲，每次母亲问起爹的情况，他就说挺好挺好。

2004 年春节前，焦波回老家过年，母亲第一句话就问：你爹怎么样了？他说挺好，过了年天暖和就回来了。随后他又把父亲生前的录像编成片子，在电脑上放给母亲看。母亲看后长叹了一口气："我总算见到你爹了。"然而，每当焦波不在家时，老母亲就会对焦波的外甥女说："我知道，你姥爷早就不在了。"她心里面其实也特别痛苦，只是没把这层窗户纸捅破而已。

2004 年清明节那天，晚上 9 点多，他往家打电话，电话那边说，妈快不行了！放下电话，他立马赶去火车站。一进家门，焦波拉着母亲的手就喊，她肯定听见了，努力地想睁眼，但没睁开，就这样走了。焦波跪在母亲灵前哭喊："娘，我有罪，我没有跟您说实话，俺爹已经去世了，可娘你永远也听不到了。"

一个用照相的方式表达孝心的山东孝子，给父母照了 30 年的相，在最后一刻，他已经无力再拿起相机。在母亲离世的那一刻，跪在床前的焦波不是什么摄影家，只是一个悲痛欲绝的儿子。

焦波用他的镜头，记录了自己父母平凡而美丽的后半生，他的摄影作品开始在全国范围内展示、传播。2005 年 4 月 15 日在首都师范大学，4 月 18 日在齐鲁石化，4 月 23 日在深圳，29 日又来到大连……所到之处，无不感动得无数儿女或父母热泪盈眶。

1998 年 8 月，焦波的组照《俺爹俺妈》荣获了首届国际民俗摄影比赛最高奖——人类贡献大奖。领奖时焦波说；"这是我替我的父母在领奖。"

二、中华美德重孝行

我们中华民族的文化可谓源远流长，博大精深；中华文明具有鲜明的民族特色，遍观世界可谓独树一帜。数千年来，中华民族历经磨难而绵延不绝，一个重要原因就在于我们中华儿女有着深厚的文化传统和强烈的文化认同。著名哲学家罗素赞叹道："自孔子以来，埃及、巴比伦、波斯、马其顿，包括罗马帝国，都消亡了；但是中国却以持续的进化生存下来了。"长慈幼孝，世代传承，促成中华民族世代繁衍、生生不息。讲孝道是儒家伦理道德的重要链条，重孝行是中华民族世代相传的美好传统。从古至今，出现了多少感天动地的孝男孝女，他们的事迹被人们世代传颂；那些不讲孝道，虐待父母老人的不肖子孙，则受到社会舆论的挞伐。有一部评剧名叫《刘云打母》，讲的是刘云成家得子之后，不知养家度日，整天吃喝赌钱，嫌娘老弱，非打即骂。后来他的母亲从十月怀胎之痛，到教养幼子之苦，含泪一一历数，痛加教诲，终于使刘云幡然悔悟并痛改前非。这段故事曾经成为教人行孝的口传教材。

孝感动天

舜，传说中的远古帝王，五帝之一，姓姚，名重华，号有虞氏，史称虞舜。相传他的父亲瞽叟及继母、异母弟象，多次想害死他：让舜修补谷仓仓顶时，从谷仓下纵火，舜手持两个斗笠跳下逃脱；让舜掘井时，瞽叟与象却下土填井，舜掘地道逃脱。事后舜毫不嫉恨，仍对父亲恭顺，对弟弟慈爱。他的孝行感动了天帝。舜在厉山耕种，大象替他耕地，鸟代他锄草。帝尧听说舜非常孝顺，有处理政事的才干，把两个女儿娥皇和女英嫁给他；经过多年观察和考验，选定舜做他的继承人。舜登天子位后，去看望父亲，仍然恭恭敬敬，并封象为诸侯。

毛泽东敬父母讲孝心

在韶山西面，有三座山峰，南面是龙头山，北面是黄峰山，西面是牛形山，滴水洞就被环抱其间。它占地约五平方公里，只有一条公路蜿蜒能至。它的豁口是韶山水库，深幽清雅。三面树木挺立，杜鹃火红，有两山陡立。过去原有一桥，桥下是小溪，桥头边有一个山洞，即使是天干大旱，洞中仍滴水不断，回声悠扬，其韵如琴，这就是滴水洞。只因毛主席由东而至，所以称它为“西方山洞”。1959 年 6 月，毛主席回到阔别三十二年的家乡——湖南韶山。他来到父母的坟前，恭恭敬敬地鞠了三个躬，表情非常凝重。回过头，对身边的人沉静地讲道:“老祖宗是不能忘记的，我至今还很怀念我的母亲，我母亲非常善良，非常慈祥，济困扶贫，爱老怜幼，我不能忘记她啊！”毛主席讲这番话时，两眼含着泪光。谁能理解主席的一片孝母之心呢？一代伟人，治理国家、胸怀天下，尚且不忘父母之恩，心存孝道之情，何况我们这些莘莘学子呢？孝心不分地位高低，不论身居何位，乃是人们发自内心的情感，行孝是做子女的本分，尊老敬老是中华儿女的美德。

《孝经·开宗明义》说:“夫孝，德之本也，教之所由生也。”

这段话告诉人们:孝是一切德行的根本，也是教化产生的根源。一个自强独立的人，一定有一个好人格，这就是立身。这样的人做事情，走正道，不越轨，有始有终，这就是为人之道。他的德行，不仅为众人所景仰，而且将扬名于后世。这样一来，他父母的声名也因此显赫荣耀起来，这便是古人讲孝道的终极目标。这个孝道，最初是从侍奉父母开始，然后效力于国家，最终建功立业。一个连自己的父母都不孝敬的人，是很难成就什么大的事业的。

“夫孝，天之经也，地之义也，人之行也。”是说:孝道犹如

天上日月星辰的运行，地上万物的生长，天经地义，是人类最为根本的首要品行。天地间有其自然法则，人类领悟而实行孝道。故圣明的君主应当效法天之明，利用地之利，顺应自然治理天下；所以教化不用去严肃施为而能生效，政治不用去严厉推行而国安。前代的贤明君主，看到教育可以感化人民，因而先声倡导博爱，所以民众没有遗弃双亲的人；宣扬仁义道德，因此民众盛行高尚的风气；率先奉行恭敬和礼让，于是民众互相谦让不争。用礼乐教化他们，人民就相亲相爱，和睦相处。告诉人民什么是善恶的行为，人民自然会懂得禁令而不敢违法乱纪。先哲的这些精辟的言论，成为中华民族伦理道德的重要内容，深深地扎根于民众的心中，世代相传，成为大家自己言行的规范。直到今天，尊老爱幼仍然是我们重要的道德义务和责任，也是社会主义精神文明建设倡导的重要内容。

“感恩号”行程7000公里，载母亲浏览祖国河山

这是发生在黑龙江省绥化市兰西县一个真实的故事：兄弟两人为报答母亲养育之恩，用人力三轮车拉着母亲游览祖国大好河山。

我们不妨先听听很久以前流传的一个故事：

在一个村子里住着一户四口之家：爷爷、爸爸、妈妈和儿子。爷爷越来越老了，不能下地干活，行动也不甚方便，爸妈渐渐对爷爷表露出嫌弃之意。有一天，儿子正在院子里玩，看到爸妈把爷爷放在一个大筐里拉了出去。后来，爸爸妈妈高兴地回来了，儿子问：“爷爷呢？”爸妈讲：“我们把他扔在山沟里了，他什么也干不了

了，就会吃饭。”儿子听后二话没说，拿起院子里的柳条就开始编起了什么。爸爸问他：“你这是在干什么？”儿子回答：“我在编筐，等你俩老了，我也用筐把你们拉出去，扔到山沟里！”夫妻俩你看我，我看你，脸上不禁露出羞愧之色。随后，他们赶紧跑到山里，又把老人背了回来。面对老人，夫妻双双跪下，流下悔恨的泪水，向老人和儿子检讨自己的不孝。从此，他们精心孝敬老人，给儿子做出了榜样。

现在言归正传：王凯、王强两兄弟的父亲曾是南下干部，年轻时戎马生涯，晚年时的愿望就是想到全国走走看看。可是这位父亲却突然因病去世，临终时愿望没有实现。父亲留下的遗憾，大大触动了王家兄弟，他们决定要带母亲出去走走，让母亲来填补父亲的遗愿。

年近六旬的王家兄弟自制了一辆厢式人力三轮车，并命名为“感恩号”。他们轮流蹬车，从黑龙江家乡一路南下，一直抵达香港，然后再返回北京。在7个多月的时间里，历尽风雨寒霜，穿越10多个省份，他们的笔记本上盖了600多个途经城镇的邮戳，最后终于到达北京。一路上的艰难辛苦从未动摇过他们的决心。

“感恩号”印证了：中华民族以孝为本的传统美德深深地植根于人们的心中。2008年5月7日，当“感恩号”进入北京城时，北京的民警交警也都被王家兄弟的孝心深深地感动了。交警们多方联系、帮助沟通，虽然由于奥运临近，他们让母亲参观北京天安门的愿望没有实现，母亲却欣慰地说：“我已经满足了。有这样的儿子，我就是天下最幸福的母亲。”

顾欣的绝笔信

顾欣家住北京，大学毕业后在北京搜房网工作了仅仅两个多月，因鼻腔突然流血不止，在中日友好医院查出患有白血病，年仅22岁。

顾欣的父母是黑龙江省佳木斯市的下岗工人，他们通过经营一家小废品收购站供顾欣在北京读完大学。得到儿子患病的消息后，父亲揣上家里仅有的8000千元钱，母亲揣着从亲友处筹集到的8万元钱，匆匆赶到北京。顾欣得病后的治疗费用使这个贫困的家庭背上了20万元的债务。

顾欣在离开人世前28小时之际，将好友潘磊找来，对他说："我想假如哪一天我不在了，就在这一天给我爸妈写一封信，第二年的这个日子再写一封，如果我能坚持40多天，就能写到我父母100岁的时候，我希望他们每年能读一封，一直读到百岁，这样我就安心了。"他又以口述方式托挚友潘磊在网上发表一封"绝笔信"——《谁来拯救我的父母？》读后让人潸然泪下。信中称："父母为了我辛苦了一辈子，我不舍得就这么离开，我还要为他们尽孝道，我还要赡养他们。这样的思绪一直在脑海里挣扎，甚至在梦里。我感恩于父母，心里反复想：没有了我，他们该怎么继续活下去？谁来帮帮我的父母，让他们能无牵无挂地活着，别为了几辈子都还不上的债务(担忧)。"第二天，搜房网站上就发出了这封"绝笔信"，也就在这一天晚上的8时，顾欣走了，他是躺在母亲的怀里走的。走时，他的脸憋得通红，攥着拳，蹬着脚，用尽了全身的力气喊出了最后一句话；"爸爸妈妈，我太爱你们了！下辈子，你们给我当儿子，我要把所有的爱都给你们，都给你们……"他慢慢地闭上了眼，脸上挂着两行晶莹的泪水。

顾欣在网上发表"绝笔信"后，点击率已有5万多次。一个网友留言："珍惜我们的生命，珍惜我们的父母，善待我们身边每一个爱我们和我们所爱的人，让人间多一点温暖。"数万人在网上留言，无数援助之手伸向顾欣的父母。

三、美德必寓孝之心

一个人能够尽心地孝敬父母，就说明它具备做人起码的良心，也说明他有基本的道德修养。平时人们认为，“孝子可交”，“知孝者可为友”，为什么呢？因为，“孝”是德之本。懂得孝道的人，心中怀有善良的“种子”，知道“真善美”的道德修养是立身于世、交往与人的行为起点，并由此孕育出崇高美好的心境。不管将来到了哪里，做什么工作，处于什么职位，他也会像孝敬自己的父母一样，心怀爱心善心，敬老爱幼、济困扶贫、热情坦诚、勇于付出。一个人，如果连自己的生身父母都不想孝敬，那他还怎么会舍生忘死地去帮助别人呢？所以，孝行寓于美德：只有知道为父母尽孝的人，才能心怀爱心、善待别人；才有可能成为爱祖国、爱集体、喜欢帮助别人、思想道德高尚、志向高远的现代青年。

孔子说：“爱亲者不敢恶于人，敬亲者不敢慢于人。爱敬尽于事亲，而德教加于百姓，刑于四海。盖天子之孝也。”大意是：能够爱护自己父母的人，就不会厌恶别人的父母；能够尊敬自己父母的人，也不会怠慢别人的父母。以亲爱恭敬的心情尽心尽力地侍奉双亲，其德行就会教化黎民百姓，使天下的百姓遵从效法，孝行遍布四海。这就是天子的孝道。孔子认为，“天子”应该是道德的榜样，当然也应该把行孝作为自己的道德准则。这样才能以身作则，让孝道行于天下。

对于普通人呢?他又说道:“用天之道,分地之利。谨身节用,以养父母,此庶人之孝也。故自天子至于庶人,孝无终始,而患不及者,未之有也。”其意义又进了一步:要会利用自然的季节来耕耘收获,以适应天道。认清土地的高低优劣,来种植庄稼,争创收成。要谨慎地保重自己的身体和爱护自己的名誉,要节省开支,以孝养父母。这就是普通百姓的孝道。所以上自天子,下至普通老百姓,孝道是不论尊卑高低的,是无始无终的。如果有人担心尽不了孝,那是不应该有的事。

弃官寻母

朱寿昌,是宋代天长县人氏。他的生身母亲并不是他父亲的正妻,所以在家里很受歧视。母亲勤劳善良、善待家人,却没有得到正妻的欢心。在他七岁的时候,生母刘氏被嫡母(父亲的正妻)嫉妒,不断在父亲面前说她的坏话,遭到父亲的遗弃,不得不改嫁他人。慈母远去,朱寿昌日夜思念,常常独自暗中啼哭。然而山高水远,鸿雁难达,五十年间母子竟音信不通。朱寿昌无奈之中只有将精力投入到苦读之中。到宋神宗时,博得功名在朝做官。他为官清正廉洁、投身公事,曾经刺血书写《金刚经》而名誉朝廷。虽然他公务繁忙却念念不忘生母,遂写成草信,颁行四方寻找生母的信息。当他得到线索之后,便立下决心,放弃官职,赶到陕西去寻找自己的母亲,并发誓不见母亲永不返回。最后,终于在陕州遇到生母和两个弟弟,母子欢聚,一起返回,这时母亲已经成为七十多岁的老人了。朱寿昌官德上佳,清廉一生,至诚孝母,已成千古传颂的佳话。

七岁生离母,
参商五十年。
一朝相见面,
喜气动皇天。

孝感天下 带着盲母上大学

刘芳艳是一名大学生，她被评为2006年度十大“中华孝亲敬老楷模”，以刘芳艳为原型拍摄的电影《丁香花》也颇为打动人心。是什么样的事迹使这个年轻的女孩感动了中国呢？

大学生刘芳艳，家里本来就不富裕，偏偏一场突如其来的灾难又彻底毁坏了这个家庭：父亲不幸去世，母亲双眼失明，唯一的哥哥因不堪忍受家庭的贫困，又难以承受父亲去世留下的几千元债务的压力，悄悄离家出走。面对盲娘和家徒四壁的困境，刘芳艳下决心休学，打工挣钱还债，养活母亲并积攒学费。

一家酒店的经理被刘芳艳的孝心壮举所感动，决定聘用她并且为母女俩提供一间住房，月薪600元，另有奖金。

知恩图报的刘芳艳干起活来很拼命。节日期间，生意爆满，她总是楼上楼下地跑，最多时一天她能端着火锅来回跑上上千趟。由于长期端着很重的盘子，她的手背隆起一个大包，医生说这是腱鞘炎，是长期劳累所致。经理看在眼里，好几次强迫她休息，她都不肯。她说，经理待我们这样好，我不能偷懒，我要对得起这份工作。

每天一直干到客人走光，刘芳艳才匆匆忙忙弄点吃的给娘端去，陪娘说会儿话，或帮她洗脸洗脚剪指甲。安顿好娘后，全身疲倦的她又拿起课本一直看到深夜。

休学8个月，期限已满，刘芳艳辞别了好心的经理，背着娘和几千元工资到学校报到。学校领导了解她的情况后，专门腾出一个套间供母女俩免费居住，免费提供中晚餐，每月还给一定的经济补助。后来校方又想办法给刘芳艳安排了两份兼职。

领导的照顾、同学们的关心使刘芳艳母女的生活安定下来，可刘芳艳经常被母亲梦中的喊声惊醒。原来母亲喊的是离家出走的哥哥的名字。娘在思念生死未卜的儿子，刘芳艳何尝不在惦念离家三年杳无音信的哥哥呢？她想起媒体的力量，于是就给《武汉晚报》写了一封诚恳的求助信，请求帮忙找到哥哥刘仓。该报领导十分重视，分析刘仓可能去打工的几个省份，派记者分几路去进行了新闻联动，很快就有消息传来，刘仓找到了。

刘仓终于来到母亲面前，跪在母亲面前泪流满面，他面对妹妹惭愧地说："我知道，你最苦，哥不是人，拖累你了……"

刘芳艳一家终于团圆了，刘仓也被好心的企业家安排了工作。从此，刘芳艳可以安心继续上学了，她那坚忍不拔、永不言败的精神和万难不弃、一心一意孝敬母亲的美好品德，在社会上广为传颂。

孙女网上找回72岁奶奶

那是上个世纪60年代，我国遭受自然灾害，粮食匮乏，饥饿困扰，农民乔更申的三个子女由于身体虚弱缺乏营养离开了人间，只剩一个不到4岁的儿子乔朝森。

乔更申想带一家外出逃荒，可是父母年迈，儿子年幼，他们怎么能经受路上的颠簸呢，无奈的他叹着气对妻子说：家里多一口人就多一条死路，你还是出去寻一条活路吧。妻子离开家，省了一个人的口粮，对这个家庭也算是有点帮助。

妻子高巧云外出逃荒到山西永济市，被当地一户好心人家收做"媳妇"。在永济，她与后来的丈夫生了4个孩子。前些年，3个女儿陆续出嫁，去年，她的丈夫和他的儿子也先后去世。高巧云无时不在想念自己原来的丈夫和亲生儿子。虽然当时是因生活所迫，离家出走，但她心里还是觉得对丈夫，特别是儿子有些愧疚。

高巧云的儿子乔朝森也有个心结。母亲在哪里，怎么样了？他去陕西、山西、山东等省寻找，都无音信。乔朝森的大女儿乔婷深知爷爷和父亲内心的痛苦，她和丈夫从去年开始，加紧寻找奶奶的下落。3个月前，她开始上网寻找奶奶。7月上旬，一个网友给她留言，说山西省永济市赵柏乡有个原籍濮阳、名叫高巧云的老太太很像她的奶奶。

乔婷夫妇立即来到永济，村长直接带他们到奶奶家认亲。乔婷一提爷爷乔更申，父亲乔朝森的名字，奶奶大哭起来。当场，乔婷拨通爸爸的电话，离散了45年的母子抱着电话痛哭。一周后，乔婷带着父亲来到永济，儿见母亲，长跪不起。“妈妈，儿长这么大，没有孝敬母亲一天，随儿回家吧，让儿在有生之年尽尽孝心吧。”而后，乔婷的父亲与奶奶在永济生育的3个女儿充分沟通，达成共识：只要老人快乐、健康，一切随老人愿望。

《孝经·圣治》中说：“天地之情，人为贵；人之行，莫大于孝。”古今中外，各种情况下的孝顺子女，贫富境遇虽不同，但至诚尽孝的精神都是一样的。为尽孝而甘愿付出，宁吃苦而奉献大爱，使他们在尽孝中展现了崇高的品德。所以，说尽孝者未必能成为孝子；能尽孝者必有孝道之德。

百种善行孝为先，行孝必与德相连。
贫富不移行孝道，赡养孝敬记心间。

四、行孝在心需修养

每个人都是从婴幼儿开始逐年长大，到少青年后逐渐懂事。少年儿童是未成年人，随着岁月的流逝，冬去春来，必然要一年一年地成长壮大，走向社会，立足人间。在我们成长的过程中，面对社会、面对人生，需要解决的两项重要任务是：一学做人，二学做事。学做事指的是运用在校时所学的各种知识来分析问题、解决问题的能力，要有所作为，这叫“立世”；学做人是指修养自己的道德品格，这叫“为人”。从为人处世的态度和言行，可以看出一个人的品格。不断读书学习增加知识，是我们必须做也不断在做的事情；而品德的修养程度决定我们的人格水平，决定社会、他人对我们的评价，也是万万不能忽略的。许多名人学者和有作为的人，往往用一生的努力去修养完善自己的德行。大诗人屈原在《离骚》中高呼：“路漫漫其修远兮，吾将上下而求索。”我国大教育家陶行知，原来的名字叫“陶知行”，做了教育工作后，他有了两个想法，一个是“实践（行）”比读书更重要；另一个就是读书首先要学会做人（德行）。为此，他把已经有了很高知名度的原名改为“陶行知”。“德才兼备”，“德”永远居于导向、指挥、驾驭“才”的地位，决定你的“才”是用来做好事呢，还是用来做坏事。我们都想成为一个忠于祖国、热爱人民、具有忧国忧民的历史使命感和社会责任心，能自立自强又自尊自信，勇敢坚定，不屈不挠，讲究诚信、正直、宽容、谦让，严于律己，乐于助人的时代青年。这些优良品质的“基础和核心”是爱心。爱心的源泉是“亲亲之爱”，即父母兄弟姐妹之间的亲情之爱。人要有爱心，必先爱父母，这是天经地义的事情。古人强调“百善孝为先”，把孝敬父母作为“兼爱”他人的前提，这是中华孝文化的基点。

事实上，只是懂得应该孝敬父母，还不一定能做得好。因为行孝时要用很大的精力去照顾自己的父母，常常要去做一些很苦的事，而自己想做的事情却可能无法去做。“孝”能否做到，全看自己的品德，有时还要牺牲自己的许多东西，这就是孝子令人赞佩、行孝成为美德的原因。行孝既然是一种美德，就必须加强品德修养，自觉地以实际行动去孝敬父母。孔子说：“孝子之事亲也，居则致其敬，养则致其乐，病则致其忧，丧则致其哀，祭则致其严。五者备矣，然后能事其亲。”“事亲者居上不骄，为下不乱，在丑不争。居上而骄则亡，为下而乱则刑，在丑而争则兵。三者不除，虽日用三牲之养，犹为不孝也。”前一段规定了孝敬父母的“五要”，还提出要注意以下的三忌：一是身居高位的人不要骄傲自大，二是身居下层的人不要有不法的作为，三是在市井百姓当中要与人和平相处，不要和他们争斗。身居高位而骄傲自大的人，必招致灭亡之灾；身居下层违法作乱的人，必遭受严厉的惩罚；在凡人百姓中与人争斗，必然会遭遇到凶险。若不戒除以上三项逆行，就是每天用牛羊猪三牲来奉养父母，也没有参透孝的本质，等于不孝。可见古人在强调孝道的时候，是特别注重德行的修养的。

亲尝汤药

汉文帝刘恒，汉高祖第三子，为薄太后所生。高祖后八年（公元前180年）即帝位。他以仁孝之名，闻于天下。刘恒虽然身居高位，侍奉母亲却从不懈怠。母亲卧病三年，他常常目不交睫，衣不解带；母亲所服的汤药，他必定亲口尝过后才放心让母亲服用。他在位24年，重德治，兴礼仪，注意发展农业，使西汉社会稳定，人丁兴旺，经济得到恢复和发展，也算是一位开明清正的君主。他与汉景帝的统治时期被誉为“文景之治”。

仁孝临天下，
巍巍冠百王。
莫庭事贤母，
汤药必亲尝。

三岁女助爸爸走向自强之路

康锋是一位出租司机，一场飞来的横祸使他双眼失明。第二年，妻子离他而去，留下了三岁的女儿小鑫秋、自己的母亲和瘫痪在床的父亲。一个失去生活来源的家庭，已经陷入深深的困境。

全部的家务都靠鑫秋的奶奶操持。有一天奶奶做午饭，发现家中只剩下一碗米了，当时她只有偷偷地流泪。为让全家人活下去，奶奶横下一条心，领着孙女去要饭。每当进村入户，小鑫秋就抢在奶奶前面说话："大爷大娘，爷爷奶奶，俺爷有病，俺爸眼睛瞎了，俺妈走了，给俺口饭吃吧。"大家都十分同情这祖孙俩，纷纷解囊相助。邻居的好心人也经常来帮助他们。有一家邻居是养鸡的，就送给他们家一只鸡。奶奶看重懂事的孙女，把两只鸡大腿盛在小鑫秋的碗里，可鑫秋却把脸贴在父亲耳边："爸爸，你看不见，鸡腿好啃，我眼神好，吃不好啃的。"说着，就把鸡腿放在爸爸的碗里，康锋的眼泪止不住地流了下来。

妈妈走后，小鑫秋每天都早早起床，打了水，拿来牙膏，放到父亲面前："爸爸，该洗脸刷牙了。"康锋又感动又吃惊，他怎么也想不到女儿会这么懂事、这么细心，她才刚刚三岁呀。

本是家里的顶梁柱，可他现在成了废人，成了家里的累赘，康锋越想越悲伤，一门心思地想死，他几次试图轻生，却都未死成。一天中午，他摸到女儿跳绳用的绳子，摸索着向房后的树林走去。女儿可能有一种预感，一见父亲不在身边，马上跑出屋去，邻居告诉她父亲向屋后树林走去了，她赶紧追了过去，看到爸爸把绳子挂在一个树杈上，小鑫秋扑上去抱着他的腿，哭喊着："爸爸，你死了我就没有亲爸了，你看不见不可怕，我就是你的眼睛呀！"摸着这么懂事的女儿，康锋从此打消了死的念头。

经过反复考虑和选择，康锋拜了一个做按摩的盲人为师。到盲人家要坐好几站车。母亲带他去，娘俩来回要花 4 元钱。4 元钱对这个家庭是一笔不小的负担。于是小鑫秋自告奋勇，领父亲去学习按摩，因为她小，不用买车票。一个 5 岁的孩子，领着父亲穿过人来车往的马路，车来了，女儿扶父亲上车，上车后又钻进人群中，给父亲找座位。

有了女儿的激励，康锋坚强起来。为了女儿，为了这个家，他刻苦学习，练习手法，常常是汗流浃背，双手红肿。终于，他学成了手艺，能接待患者了。第一个月，他挣了 289 块钱。回到家，他把钱交给母亲说："妈，我挣钱了。"母亲哭了，康锋哭了，女儿也哭了，但这一次，他们流下的是欢喜的泪！第二个月康锋挣了 500 元。随着他手法的熟练，名气越来越大，点名要他按摩的患者也越来越多，他的收入逐月上升。靠着他的一双手，康家终于摆脱了贫困，笑容回到了三代人的脸上。

在家里，鑫秋还承担了买菜、做饭、给父亲洗脚、洗袜子、按摩等活计。有一次，她看爸爸累得满头大汗，她一边给父亲擦汗，一边体贴地说："爸，看你累的，以后不要太累了。"康锋心头一热，"可爱的女儿，这么懂事，真是让人心疼。"

后来，小鑫秋上学了，上的是寄宿学校。康锋要让女儿上最好的学校，接受最好的教育。想想自己失明以来，是在女儿的小手牵引下走上了有希望的生活，是女儿拯救了已经绝望的自己。他的心里充满了幸福和对女儿的爱！于是，他为女儿谱写了一首歌曲《鑫秋》，以表达他们动人心扉的父女之情。

一生情

湖北省恩施土家族苗族自治州利川市汪营镇有个沙子坎村，它地处鄂渝交界的大山深处。村里有个年轻人叫陈立强，小伙子一表人才，勤劳善良，是乡民兵连的射击能手。可是在他 26 岁那年，也就是 1977 年，母亲不幸得了乳腺癌，

而父亲陈国昌已患病卧床多年，这一家人贫病交迫，屋漏偏逢连月雨呀。家中四个孩子陈立强是老大，老二是女孩，才 15 岁，两个弟弟分别 7 岁、11 岁。陈立强一下子成了家中的顶梁柱。治病是需要钱的，他们实在无力承受昂贵的医疗费，陈立强便四处寻找民间偏方给母亲治病。经过无数个日夜，拿回数十种药，熬好后，趁热端到父母的床前。

自从母亲患病起，陈立强就开始潜心学习医术。30 年来，他遍访附近的老中医，请他们上门给母亲开药方。他找来《民间秘方精选》等书籍自学中草药知识。鄂西的山里有能入药的各种植物数万种，他尝试着到山上采集老中医开出的草药。他带上背篓、镰刀、铁铲、绳索和干粮，走遍了方圆几十里的深山老林。

1980 年的秋天，为了在一处绝壁上乘摘一种稀少的草药，他险些摔下山崖。回家后，他一一品尝从山里采集来的各种药材。有一次，刚嚼了一口，立即不省人事，四肢僵硬。弟弟见状，急忙喊来老中医，配制解药，服下后才缓过神来。

陈立强每次给母亲吃药前都要亲自试服，确认无毒，才让母亲服用，并根据用药反应，不断改进药方。在陈立强的悉心照料下，母亲竟奇迹般一天一天地好起来。

陈立强既要给母亲找药，又要操持家务，忙得整天歇不下脚来。母亲心疼地对他说："儿啊，你已老大不小了，也对老人尽了心，不要再管我了，找个人成家吧！"陈立强大哭，跪下说道："娘，我要一个人照顾你一辈子！"

这些年来，妹妹远嫁，三弟病故，四弟外出打工。为了不让母亲寂寞，他养了一只小狗，收留了一只流浪猫。院子里还养了几只母鸡，一天能下四五个鸡蛋，可以用来给母亲补身子，有剩余的，攒下来，拿到镇上换点钱贴补家用。

30 个寒暑，1 万多个日日夜夜里，只要母亲一声轻唤，他就跪在母亲的床头，为她搽药、梳头。他坚守自己的承诺：要用一生的真情，照顾亲娘一辈子。今年，他已经56岁了，还是个单身汉。尽管贫苦、辛劳和寂寞一直伴随着他，但他十分快乐：他已熟练掌握了近200种草药的用法，也能为村里人排忧解难，在村里算得上是“半个医生”。平时可以给村民治个头痛脑热的病，除不收钱外，还要自己亲自试服后再拿给别人。而在他心里最欣慰的是，如今母亲活到77岁了，有母亲相依相伴他已经十分满足了。

恩施移动公司的老总得知这一消息后，捐资2万元，并专聘一名保健医生，全程陪同陈立强和母亲到北京等地观光。9月16日清晨，恩施孝子用轮椅推着母亲来到天安门广场，圆了自己藏在心底30年的梦。升旗仪式后，为了让母亲看清城楼上的毛主席像，陈立强推着母亲绕金水桥走了两圈，他说：“能让77岁的老母亲走出大山，亲眼看看天安门和毛主席像，今生已经没有遗憾了。”

前文中的小鑫秋就是省级十佳少年，首届感天动地父母情十大感动人物之一。从她身上青少年们可以看到，真挚的父女之情具有多么伟大的力量。爱需要付出，孝也需要付出。有的时候甚至需要巨大的毅力和很强的精力。这种付出是值得的，因为那是对父母之慈爱的回报。

人生世代爱相传，父母慈爱记心间。

为人立世须修德，首记孝道第一篇。

五、家重孝悌万事兴

在咱们国家的传统家庭伦理中，除了讲孝敬父母之外，还讲究兄弟等平辈之间应该如何相处，并把这种关系同“孝”连接起来，称为“悌”(tì)，合称“孝悌”。“悌”的意思就是敬爱哥哥。一个家庭，祖孙父母、兄弟姐妹、妯娌亲戚等，必须有一个和睦相处的规矩，这样，大家才能尊长爱幼、相敬如宾、和谐相处。尤其是在封建社会的大户人家，一个大院就有几百上千的人口，没有规矩非乱套不可。古典小说中有很多描写，曹雪芹所著《红楼梦》里讲得最为具体详细。荣宁两府中，书中光有名字的就有五百多人，人伦关系讲得有条有理：对一家奉为代表的上辈的尊、儿女对父母的敬、长者对儿女的爱、兄弟姊妹之间的亲，都描述得有声有色，使人读来恍如身在其中。虽然暗地里这个大家庭充满了钩心斗角、尔虞我诈，但仍安然有序，就家庭伦理关系来讲，大观园中人伦关系的维系，仍不失为封建社会环境下官宦家庭的一个样本。试想那么一个大家庭，如果没有尊长爱幼的伦理关系来规范言行，将会是怎样混乱啊！

父母疼爱子女，子女孝敬父母，兄弟姊妹互敬互爱，一个家庭才能和谐共处，并充满亲情欢乐。我们现在的许多同学都是独生子女，是不是就不需要兄弟姊妹之间的这个“悌”了呢？不是的。“悌”可以超出家庭范围，把爱心传递到你的叔表兄弟姊妹之间，更可以播撒到学校社会，对同学、朋友，甚至你所不认识的同龄人当中，互相爱护，互相帮助，献出你的真诚爱心。爱心是一条锁链，它把和谐的家庭、和谐的校园、和谐的社会连接起来。正如歌中所唱：“只要人人都献出一点爱，世界将变成美好的人间。”

《论语》里讲道：“孝悌也者，其为仁之本与欤”。意思是，孝敬父母、爱护兄弟姊妹是人的伦理道德的根本。这句话引申的意义就是：“君子务本，本立而道生，”我们做人首先要把根本找出来，这个根本就是“孝悌”。有了这个根本，才可以安身立世、逐渐成熟并且成就一番事业。

《弟子规》中“入则孝，出则悌”也是这个意思。是在父母面前要行孝道，和兄长一起，要爱护兄弟姐妹。讲的是在家庭里，一定要按照孝敬父母、爱护兄弟姐妹的规矩做事。

“孝悌”虽然讲的是做人的规矩，但包含的却是对父母和同辈的真情厚爱，并不是要求人们呆板的循规蹈矩。如果没有真情，心怀对年老贫病的父母的嫌弃，或对兄弟姊妹的嫉恨，纵然表面上谦卑恭顺、客客气气，那也只能是一种假情假意的虚伪，而不是饱含深情的善良美德。

涌泉跃鲤

姜诗，东汉四川广汉人，娶庞氏为妻。夫妻孝顺，其家距长江六七里之遥，庞氏常到江边取婆婆喜喝的长江水。婆婆爱吃鱼，夫妻就常做鱼给她吃，婆婆不愿意独自吃，他们又请来邻居老婆婆一起吃。一次因风大，庞氏取水晚归，姜诗怀疑她怠慢母亲，将她逐出家门。庞氏寄居在邻居家中，昼夜辛勤纺纱织布，将积蓄所得托邻居送回家中孝敬婆婆。其后，婆婆知道了庞氏被逐之事，令姜诗将其请回。庞氏回家这天，院中忽然喷涌出泉水，口味与长江水相同，每天还有两条鲤鱼跃出。从此，庞氏便用这些供奉婆婆，不必远走江边了。

这里讲得有些夸张，好像是神话故事。故事是假，但孝行是真，表达的意思还是十分明确的，即孝行可以感天动地。这是对行孝者的赞美，也是对孝道良心的呼唤。

舍侧甘泉出，
一朝双鲤鱼。
子能事其母，
妇更孝于姑。

感动中国——马鹏飞

1995年，马鹏飞出生后8个月时，奶奶就成了小鹏飞唯一的亲人，小鹏飞在奶奶的呵护下一天天长大。5岁那年，身患糖尿病的奶奶又得了糖尿病并发症，导致双目失明，颈椎病、心脏病、末梢神经坏死等并发症天天折磨着小鹏飞的奶奶。奶奶为了治病，咬牙卖掉了自己仅有的住房，靠着几百元的退休金与小鹏飞一起在外面租房，过着流浪的生活。祖孙二人就这样相依为命，一直坚持生活至今。小鹏飞除了每天完成学习功课外，照顾奶奶也成了他的"功课"。自从上学的第一天起，无论春、夏、秋、冬，小鹏飞每天早晨五点钟自己准时起床。他先烧开两壶水，晾成温水，再灌到暖壶里，准备给奶奶白天喝。每天早晨，奶奶起床后他先让奶奶喝一杯温水。接着，小鹏飞便开始给奶奶准备早饭和中午饭。然后小鹏飞服侍奶奶吃药、扎针、吃饭。最后，收拾完碗筷后才去上学。中午放学后，他气喘吁吁地跑回家，给奶奶热饭，问奶奶有没有什么事。晚上放学，他从不在外面玩，从不在外面多逗留一分钟，早早地回家陪奶奶。为了能学到更多的课外知识，每当周六、周日和节假日休息，在料理家务后，常常带着奶奶去书店看书。在书店里，他仿佛进入到了知识的海洋，贪婪地吮吸着知识的甘露。他在日记里写道："要努力学习，将来以最优异的成绩，考上最理想的大学，治好奶奶的病，让奶奶过上最幸福的生活，并实现心中的理想。回报那些帮助他的热心人，尽全力回报社会，报效祖国！"

马鹏飞用自己的行动诠释了"百善孝为先"的中华传统美德。他的事迹在广大青少年中引起强烈震动。大家纷纷发表感言：要以马鹏飞为榜样，不能让"孝"的传统美德倒挂，我们要爱父母和长辈多一些。“孝”可以升华为“爱”。马鹏飞对奶奶的孝心演变成大爱，并将这种爱扩展到班级、学校和社会。尊敬师长、孝敬老人是我们从小就应该养成的品格。现在感恩的种子已经在我们心中扎根、发芽并化作行动。

下面是流行于湖南西部地区的一个民间故事，带有一点神话传奇色彩。不同寻常的一家四口人，亲情浓郁、和谐相处，展示了慈恩孝悌的美好愿景。

张孝打凤

宋时，巴山里头有个大富翁，广有田产，家资丰厚，人称张百万。儿子名叫张有恩。父子都很能干，是积金攒银的好把式，但他们却很讲仁义，待乡亲们一团和气，因此，很受乡亲们敬重。

仁宗四年间，张有恩娶了一房妻子，娘家姓范，也是大户人家之女，又贤惠又能干。后得一子，起名张孝。张孝天资聪明，性情温柔，善解人意，十分乖巧，深受父母宠爱，一家人欢乐度日。有道是，天有不测风云，人有旦夕祸福，张孝不满两岁，范氏不幸身患重病，一命归西，丢下幼子无娘疼爱。张有恩伤心无比，悲痛万分，喊着苍天责问：“我张家世代忠厚为人，苍天为何不长眼睛，偏偏死我当家之人？如今丢下丈夫幼子，这日子可是怎么过？”时隔半年，乡亲们见张有恩拖着儿子度日艰难，且中年丧偶，心中悲苦，纷纷劝他为了儿子着想，再续一房妻子。有恩想到幼子张孝没有母亲的苦处，就听从了乡亲们的劝解。经人说合，又娶了药场峪王家大户的姑娘。王氏过门以后，勤俭治家，孝敬公婆，疼爱张孝，张家从此又有了欢乐。

第二年王氏又生了个儿子，取名叫张里。在张里七岁那年，张孝已十岁了。离家五里路的大坪开了一堂学馆，张孝张里兄弟二人都去上了学。因山高路险，孩子们只能寄学就读，一个月才回家拿一次粮米菜蔬。在学馆里生活，有师母精心照料，家中倒可放心。有一天忽然家里带信来，说张孝张里母亲身患重病，要他兄弟回去看望。张孝想到弟弟年幼，况且刚刚启蒙，学业是耽误不得的，就让弟弟留校读书，由他一人回家探母。张孝回家看望了母亲，天天侍奉汤药，端茶倒水，犹如亲生儿子一般孝顺。纵然张孝再孝顺，也减轻不了母亲的病痛，病却反而一天比一天重。张孝很伤心，就对天祷告：求苍天开眼，保佑他母亲病体康复。当晚，张孝做了一个梦，梦见一个白胡子老汉对他说："张孝啊，你已失去了一个母亲，再不能失去第二个母亲。要救你母亲就要用你大孝之心。"张孝答道："我愿用我心肝为母亲当药治病。"第二天天一亮张孝就对他爹说："爹，为了救母活命，儿已许苍天，愿以儿心肝为药。"说罢，一刀剖开胸膛，取出心肝交与爹爹，自己一头倒地。正在这时，一菩萨奉天庭玉皇之命，刮一阵狂风卷走了张孝，尸骨转眼不见。张有恩心如刀绞。为了妻子，他忍悲含痛，把张孝的心肝煮成汤药，给王氏服下。王氏服下药汤，当时就觉得神清气爽，精神倍增，病痛一扫而光。王氏就问这是什么灵药，竟有立竿见影之效？有恩大放悲声，叙说了儿子张孝为救母命，许愿以身赴难，割肝救母。王氏一听，悲天抢地，哭喊着奔出屋外，去看张孝的尸身，哪里还有踪影？夫妇抱头痛哭。正在这时，却见张孝好好地从门外走进来。张有恩王氏一见张孝，如同黑夜里见到夜明珠，一把揽过儿子，三人抱头痛哭。真是悲喜交集，苦尽甜来。

再说张里在校读书，心想哥哥回家探母，怎么这多天没回学馆呢，莫不是母亲病重？他总不放心，就请了假回去探望。回到家时，见母亲病已经好了，一家团聚，自是欢喜无比。过了一天，兄弟二人又返回学馆读书去了。

过了不长时间，王氏突然旧病复发，这次却来势凶猛，一病倒就奄奄一息。张孝又叫弟弟读书，自己一人回家探母。看到母亲病体沉重，心中焦急万分。只恨自己年纪太小，不能替母分忧，为母解难，只得日夜守候在母亲病榻前。他刚打了个盹儿，迷迷糊糊中，上次那个白胡子老汉又来告诉他说，凤凰肉可治你母之病，说罢又不见了。醒来之时，刚过四更。天一亮张孝就把神仙托梦的事告诉了爹爹，并问爹爹何处有凤凰。张有恩听后为难地说："儿呀，只有凤凰山才有凤凰。说起这凤凰山，又远又

艰险。江湖上流行了一段歌谣，是专讲凤凰山险峻的。歌谣说：‘凤凰山，在天边，险峰高又高，离天三尺三；要上凤凰山，须带弓和箭，刀剑不离手，还嫌不保险。欲打凤凰鸟，除非吃天胆。’”张孝听了并不害怕，说；“为了救我娘亲，再难再险，我豁出命也要打回凤凰。”张有恩见拗不过儿子，只好替他备好干粮、带好宝刀弓箭，送他出发了。说也奇怪，七八百里的迢迢之路，张孝竟然只用五天就赶到了。到了山脚下，往凤凰山上一看，连帽子都扬掉了。真的那山峰插入云霄，雾气腾腾，险峻异常。张孝毫不畏惧，鼓足勇气上了凤凰山。真是老天相助，张孝没费多大艰难就射猎了一只七彩凤凰鸟。张孝兴冲冲地背着凤凰鸟下了山，可是刚下到山垭口，却被守凤凰山的乡勇兵丁们捉住。一根绳子捆起来，送到了开封府衙门，一状告到包拯包大人那儿。因为朝廷早有王法规定：凤凰是禁猎之鸟，此是鸟类之王，当受王法保护。按律令杀一只凤凰者，斩首；杀两只凤凰者，罪灭九族。张孝知道自己违犯了王法，按律当斩。他想道：如果自己被斩首，那凤凰也白打了，母亲还是无救。越想越伤心，就在大堂上放声大哭，苦苦哀求包大人宽限半月，待自己把凤凰肉送回家去，救活母亲后再来服法，遂把打凤救母的缘由细说一遍。包大人深为张孝孝心所感动，心想小小年纪，竟有这般孝心，实在难得。当即准许他带凤凰回家救母亲，并让张龙、赵虎二将军随行护送。张孝继母王氏吃了凤凰肉，喝了凤凰汤，果然药到病除，康健如初。张孝见母亲病体康复，心中

又高兴又难过。为不叫父母悲伤,他瞒下打风犯刑之事,只说他在凤凰山一带为地方百姓打死猛兽,地方呈报官府,要奖赏于他,官府派这二位军爷一同前往。父母欢天喜地,为儿子和张龙、赵虎三人摆酒饯行。张孝行至读书学馆,私下里喊出先生,说了为母打风犯法要问斩的事,并给弟弟张里留了一封信,要老师三天后再把信给弟弟,叫弟弟前往凤凰山去为他收尸。

张孝走后,先生越想越难过,第二天忍不住,就把实情告诉了张里,把信也拿给他看了。张里听罢,拔腿就跑,边走边问路,直奔凤凰山。这时太白金星奉玉帝之命来到三岔路口,见到张里,用手一指,说声"变!"张里就变成了和张孝一模一样的相貌。当张里赶到凤凰山下的法场时,只听一声追魂炮响,立刻大叫一声"刀下留人!"刀斧手举刀一愣,张里已扑到张孝身边。大叫"我是张孝,爷们莫斩错人了。"刀斧手一看,两个人一模一样,怎么也分辨不出来谁是真张孝,就回禀包爷,包爷也分不清楚,无法动刑。包爷本来就有怜惜孝子的意思,又见两个张孝,实难分辨。心想定是孝心感动天地,才会出现这种奇异的现象。于是就想了个为张孝开脱的办法,吩咐手下人扎一个草人,叫张孝脱下衣服穿在草人身上,宣布道:"上天有旨:二十四孝,非要张孝封刀不可,没办法,只得以草人代真人,斩了草人,救张孝一命,发放回乡继续读书。"

张孝、张里谢过包大人和当地百姓,兄弟二人高高兴兴地回家去了。张孝打风的故事一直流传到现在。

(原作:湖北省民间艺术家协会唐先云)

社会和谐首要家庭和谐,家庭和谐必有"孝悌"支撑。父慈子孝、兄弟和睦,生活充满欢乐,精神必能振奋。报效国家、奉献社会,都从这里开始。

夫妻不在前后,兄弟何论嫡庶;
亲情必生合力,相爱相伴同行。

六、孝道必定泛爱众

孝道表达的是一种爱心。有爱心才能使人修养出美好的品德。爱心是人们相互沟通、相互帮助、相互信任的桥梁。所以，懂得孝敬父母的人是有爱心的人，他的爱心也会播撒到社会，传递给他人，对所有的人表现出善良，表现出爱护和帮助的热情。俗话说："大德无边，大爱无悔"。用孝敬自己父母的爱心去帮助别的老人；用爱护自己兄弟姊妹的爱心去关心同学或其他的小朋友；用对自己亲人的关爱去同情弱者、帮助弱者，等等，都是在用自己的行动去浇灌爱心的花朵。爱的心灵是我们的追求。无私的爱，催生了多少美丽动人的故事，人们总是用最美好的语言歌颂它，用最美丽的文字描述它。当不到十岁的小林浩，从逃生路上返回垮塌的学校楼前，用它细嫩的小手，挖土搬石救出楼板下的同学时，多少人被震撼、被感动得流出泪水；当残奥会上的选手，顽强执著地奋斗在竞赛场上，多少人为他们的精神喝彩、为他们的比赛鼓掌呐喊！残奥会就像是一次世界爱心的大聚会。

我们几千年前的先辈，倡导"孝悌"、鼓励善行的时候，就已经向我们传递出了爱的信息。所以，孔子说："君子之教以孝也，非家至而日见之也。教以孝，所以敬天下之为人父者也；教以悌，所以敬天下之为人兄者也。"

孟子主张"老吾老，以及人之老；幼吾幼，以及人之幼"。意思是："敬爱自己的老人，就应该以此爱心去敬爱其他人的老人；爱护自己的孩子，就应该以此爱心去爱护别人的孩子。"这是他所提出的著名的"兼爱"思想。对于孟老先生的这段话，《镜花缘》上还讲了一段有趣的小故事：唐敖在一个海外岛国上碰到一家书院，里面的先生正在教学生念孟子的这段话。念的是："切吾切，以反人之切。"唐敖听后大吃一惊，心想这先生学问太深了，所念的书自己一字不懂。后来偷偷一翻书才知道，是老孟的"幼吾幼，以及人之幼"，闹了半天是碰到了一个大别字先生。

《三字经》上首句即是“人之初，性本善”，如何保持人的善良本性呢？这就需要人们用爱心、善心作为品德修养的起点，在与人相处时要出于爱心善心，懂得关心别人爱护别人。《弟子规》讲：“泛爱众，而亲仁。”“凡是人，皆须爱，天同覆，地同载。”这是要求学子们，对待每一个人都要有爱心，因为我们大家生活在同一片蓝天下，共处在同一块土地上。

《三国志·陈群传》上说：“夫仁者爱人，施于君谓之忠，施于亲谓之孝。忠孝者，其本一也。”意思是：一个有道德的人一定是一个爱别人的人，在代表国家的君主面前表现出忠心，在父母面前表现出孝道。忠于国家和孝敬父母，他们的根本都是来源于对人的爱。

《韩非子·解老》中说：“仁者，谓其中心欣然爱人也。”同样是说：有道德的人，就是那种心甘情愿去爱别人，并且因为这种爱而快乐、喜悦和高兴。

大家看，我们的前辈也不都是那种刻薄古板、不近人情、谈爱色变的老古董。我国的历史上也有无数真情挚爱的动人故事一直流传到今天，让我们这些跨世纪的现代男女老少喜闻乐见并且为之动容。大家都熟悉《水浒传》里的黑旋风李逵，豪爽而又莽撞，一个大字不识，打起仗来就来精神：脱光上衣瞪起眼睛，手拿两把大斧排头砍去，直杀得敌人狼狈逃窜、尸横遍野。李逵举止粗野却为人

仗义。这位莽汉的胸中也有一颗善良纯朴的挚爱孝心。当他随宋江的义军造反走上梁山，过起了大碗吃酒肉、大秤分金银的“好日子”之后，就想起了自己身在家乡双目失明的老母。为了让母亲也能随他一起享福，他冒着生命危险，改扮行装下山，要将母亲搬上梁山，不幸途中老母被恶虎吃掉。李逵力杀四虎，葬埋母骨，跪在墓前，号啕痛哭。一个莽汉动了真情，震天动地的哭声，一定是撕心裂肺，催人泪下的。看过京剧《李逵探母》吗？当年袁世海老先生是真情出演，每当演到动情处，台下常能听到啜泣声。大连京剧院的杨赤是他的学生，也颇得师长的真传。

乳姑不怠

崔山南，唐代博陵(今属河北)人，官至山南西道节度使，人称“山南”。当年，崔山南的曾祖母长孙夫人，年事已高，牙齿脱落，祖母唐夫人十分孝顺，每天盥洗后，都上堂用自己的乳汁喂养婆婆，如此数年，长孙夫人不再吃其他饭食，身体依然健康。长孙夫人病重时，将全家大小召集在一起，说：“我无以报答新妇之恩，但愿新妇的子孙媳妇也像她孝敬我一样孝敬她。”后来崔山南做了高官，果然像长孙夫人所嘱，孝敬祖母唐夫人。

孝敬崔家妇，乳姑晨盥洗。
此恩无以报，愿得子孙如。

这段故事的内容似乎还是有需要商榷之处。我们把它放在那个时代的背景下来看待，应该可以理解故事告诉人们的道理，对“祖母”唐夫人来说，长孙夫人是曾祖辈的人，而且不是亲生母亲，她不嫌弃，而且能尽心抚养，已属难能可贵。在这个家庭的范围内，也应该属于“泛爱众，而亲仁”。

人生的选择

2006年3月22日，天津城刮起了5-6级的大风。中午11点30分，天津师范大学体育学院的大三学生宋会涛刚刚下课，急匆匆地顶着大风来到河西区三里杨桂芬老人家，给他的“妈妈”做午饭。看着“儿子”忙前忙后，“妈妈”的眼里满是欣慰，不时地嘱咐一两句：“涛涛，别烫手。”

实际上，宋会涛并不是杨桂芬的亲生儿子。67岁的杨桂芬在轮椅上度过了二十几年的岁月。6年前相濡以沫的老伴去世后，她就成了病残的“空巢老人”。2005年，宋会涛从报纸上看到了杨桂芬老人的情况介绍，从此走进了老人的生活。他，一个大男孩，每天给杨妈妈做饭、做家务，晚上陪她聊天，推她到公园散步。有时他带她到市残联做残疾鉴定；有时还要到房管部门联系修房。杨妈妈的轮椅坏了，他跑遍了天津市所有的假肢厂，最终感动了厂家，破例铸造了早就停产的配件……

2005年夏天的一个晚上，宋会涛推着杨桂芬在银河广场散步，杨桂芬想给他买支冰棍儿解暑。两人争着付钱，卖冰棍儿的觉得好奇，便问他们是什么关系，宋会涛随口说了句：母子关系。回去的路上，杨桂芬悄悄地流泪了。迟疑了很久老人终于问宋会涛：“你能叫我一声妈妈吗？”宋会涛一点儿没犹豫：“妈！儿子叫您了！”一句话让杨桂芳像小孩子一样趴在他肩膀上放声大哭。从此他们成了没有血缘关系的母子。

杨桂芬特别心痛

“儿子”，她知道这个懂事的孩子其实活得很辛苦。他来自河南农村一个贫困家庭，9岁时，一场疾病夺走了父亲的生命。因为经济拮据姐姐辍学回家，把上学的机会留给了他。他于2003年考取了天津师范大学，在学校助学基金和社会热心人士的帮助下，他走进了大学校园。三年来，他不仅成绩优异，担任班长和学生会主席，还靠勤工俭学还清了家里的债务，并把剩余的钱寄给母亲治病。他还坚持给家庭贫困的孩子做义务家教，致电市福利院做孤儿、弃儿的“爱心爸爸”，以一颗感恩的心回报社会。

人们用无私的爱，结成相互关爱的链条；人们用真挚的情怀，织起互亲互爱的网络。人人都献出自己的爱，不论天南地北，不论国籍和肤色，这世界定会亲情融融、和谐美好。同学，你一定能做到。

世界是个大家庭，人类共享此时空。

亲情相通联你我，敬老爱幼筑文明。

七、行孝还需讲礼貌

在20世纪50年代，国家就对少年儿童提出了坚持“五爱”的要求：“爱祖国、爱人民、爱劳动、爱科学、爱护公共财物。”当时毛主席还亲自用毛笔书写，大连市将其制成石碑，树立在二十四中学的门前。后来，在明泽湖公园改为儿童公园后，将石碑挪入了公园中。“五爱”是我们从儿童时代就铭记在心的行为准则。除此之外，我们还有《校规》、《守则》、少先队共青团章程等，来规范我们的言行，让我们懂得做人的道理，树立遵纪守法的观念，形成良好的道德品质。共青团中央向全国青少年发布了胡锦涛总书记倡导的《社会主义荣辱观》(八荣八耻)，规定了我们在今天这个时代做一个合格青少年的尺度。

其实，我们的先人特别重视对青少年的教育培养，爱护子女、严格要求，努力将后辈培养成人，形成了中华民族不同于其他民族的优良的文化传统。我们所讲的“尊老敬老”就是其中的一部分，我们称它为“孝文化”。孝文化不仅是要大家树立尊敬长辈、孝敬父母、尊老爱幼的思想观念，更重要的是要成为一个具有崇高理想和高尚道德修养的人。由此，进一步讲“仁爱”、“泛爱众”，使中国人的家庭和社会充满融融亲情，温馨和谐。在当今这个世界上，中国“孝文化”的魅力，已经引起西方国家的歆羡。

西方人也讲“爱”，但是爱的表达比较张扬，这同他们张扬的个性有关。我们中华民族的“爱”是深沉的，表达起来也比较含蓄，而且讲究“有序”。长幼之亲、夫妻之爱、同辈之情、朋友之谊，均有一定的表达方式。比如“孝道”，先辈们不仅是倡导，而且订立了许多“规矩”。子女如何孝敬长辈，夫妻如何互敬互爱，兄弟如何友爱关心，朋友如何友好相处，等等，都有一些“讲究”。我们小时候，放学以后回到家里，一定要给父母行鞠躬礼，然后说一声：我放学回来了。1963年开始学雷锋后，初、高中要求学生：下课时在走廊遇到老师，必须行礼并主动让路。我们今天的青少年，不必拘泥于封建时代留下的那一套繁文缛节，对愚忠愚孝的封建糟粕更是要坚决剔除。我们介绍的《二十四孝》中所讲的孝子范例，有些对我们有借鉴意义，可是，看到《老莱娱亲》我们会哈哈大笑，看到《郭巨埋儿》我们又会由恐生恨。所以当年鲁迅先生对封建时代中国教育使用的这些教材痛加批判，甚至高呼“救救孩子！”

过去了这么多年，我们重新回眸，在批判那些封建糟粕的同时，也要面对现实，重拾旧籍，审视一下祖先留下的文化遗产，其中还有许多值得珍惜的东西，其中要求我们重孝道、讲礼貌的一些说法，至今仍有意义。敬老爱幼要求长幼有序，孝心和爱心的表达还要有一定的方式。比方说“顶撞父母、打骂弟妹”就是我们不应该做的。古人说，“父母在，不远游，游必有方”，是因为那个时代交通不便，从大连到北京要走几个月的时间，父母在家里一旦有事，儿子无法赶回照顾，所以告诫家里有父母的儿子，不要离家太远，一旦因故必须外出，则记住务必把所到的地方及时告诉家里，免得让父母担心，如有事情也能尽快地找到。

对于做人的规矩，前人历来是很讲究的，特别是对父母兄弟，相处起来要守规矩、懂礼貌，不能乱来。那时规定的许多讲礼貌的东西，直到今天还是适用的，有些已经经过改造，写进了我们的《学生守则》，作为中华民族青少年做人的规则，不但不过分，而且是不可缺少的基本内容。《弟子规》中说："父母呼，应勿缓；父母命，行勿懒。"告诉我们：父母叫你的时候，应该及时答应，不要拖延。父母叫你去做的事，要及时认真去做，不要拖拉偷懒。"父母教，须敬听；父母责，须顺承。"是说：父母的教导，应该恭恭敬敬地听从；父母的批评如果有道理，应该虚心地接受。这是要求我们对父母要有一个恭敬的态度。又说："出必告，返必面；居有常，业无变。"是说：出门的时候不要忘记告诉父母，回来的时候一定要当面告知，免得父母担心不安；所处的地方不要变来变去，所做的事务要坚持到底。为什么要这样呢？因为父母总是要牵挂自己的儿女，做子女的应该牢记父母之心，别让父母为自己担忧。我们70后、80后的新时代青少年，大多是独生子女，父母对我们爱护有加，生活条件又非常优越，好玩的东西多的是。但我们在玩得高兴忘情的时候，是不是也能够想起父母的惦念和担忧，及时回家或打个电话，让他们放下那悬念的心呢？坐在网吧或与同学聚会，时间晚了，只需一个理由就足以让你尽快归家，那就是："时间太晚，我爸妈会不放心的。"

啮指痛心

曾参，字子舆，春秋时期鲁国人。他是孔子的得意弟子，世称"曾子"，以注重人品修养、讲究孝道著称。少年时候，家境贫寒，经常要到山里去打柴。有一天，家里来了客人，母亲不知所措，就用牙咬自己的手指。曾参在山上忽然觉得心疼，知道母亲在呼唤自己，便背着柴火迅速返回家中，跪问缘故。母亲说："有客人忽然到来，我咬手指盼你赶快回来。”曾参于是接见客人，以礼相待。曾参学识渊博，曾提出“吾日三省吾身”的修养方法。相传他著述有《大学》、《孝经》等儒家经典，后世儒家尊他为“宗圣”。

母指才方啮，儿心痛不禁。
负薪归未晚，骨肉至情深。

这段故事似乎也有点值得商榷，母亲咬手指儿子能有感觉吗？倒是西方有些人认为，心灵相通是真实存在的。科学还在发展，目前不妨存疑。但是，母亲和儿女的心是永远相通的，这一点不用怀疑。曾子的母亲特别注重教育儿子，所以曾子从小就善良懂事。有一天他上山打柴，回到家中就哭了起来。母亲问他，他告诉说：“今天在山上见到一条双头蛇，被我打死了。”那时人们传说见到两个头的蛇是要倒霉的。妈妈问他为什么要把蛇打死呢？曾子回答：“我把它打死，是不让别人再看到它，这样，别人就不会倒霉了。”妈妈说：“你能这样做，即使自己倒霉又有什么可后悔呢？”

心灵的呼唤，唤回瘫痪的母亲

36 岁的杨要武和母亲余兰珍住在贵阳贵开路粮油公司宿舍楼内。2003 年 11 月 17 日下午母亲脑出血发作，眼睛变直，鼻孔流血，全身瘫痪。手术成功，但母亲成了“植物人”。

待岗在家一份工资都没有的杨要武成了专职“护理员”。小杨以凳子为床，24 小时守护在母亲身边。每天为母亲擦两次身，在母亲耳边自言自语说上几个小时，喊几百遍“妈”，一遍遍复述他从小到大的事情。

为了避免吸痰机抽伤母亲的气管，他亲自当起了吸痰机，每天吸痰十多次。

每隔两三天还要替母亲掏大便。他靠低保生活，倾尽所有，精心照料。他两年已负债5万多元，在余兰珍意识有些恢复时他把母亲从医院接回了家，夜里和母亲睡在一张大床上，一夜只能睡三个小时，要给老人喂水，换尿片，将磨成浆的食物一点点滴进老人口中。2004年3月余大娘渐渐有了知觉，嘴巴会动了，手指能动了，吞咽恢复了，认识人了，能说点话了，还能唱："白云下面马儿跑……"母亲重病期间，也有企业找他上岗，但他放心不下老娘，都婉言谢绝了。小杨如今除了艰辛与孝道一无所有，而他就想有个"妈"叫一声。

送爸爸上老年大学

金色的晨曦普照大地，宽广的大道上，有一辆灰色汽车在车辆中穿行，驾车的是一位年轻的妇女，身旁坐着一位华发老人。那是老邢的女儿送她爸爸上学去。

老邢夫妇退休以后，一下子离开了工作岗位，总觉得有些失落和空虚。在物质生活方面他们不用愁，需要的是提升精神生活的质量。女儿深知丰富爸妈精神生活的重要性，就主动向爸妈提出上老年大学的建议，得到爸妈同意后，又和他们一起考虑报什么专业。爸爸爱好书法，决定报名上书法班。妈妈平时缺少体育锻炼，女儿认为妈妈要多活动，上民族舞班学跳舞，有利于愉悦身心、增强体质。妈妈有顾虑，担心年龄大了，手足不灵活，跳舞动作生硬，让人笑话。女儿耐心做妈妈的思想工作，说："老年大学学跳舞的都是老年人，谁笑谁呀？手足不灵活，就是要多练。年轻人有年轻人的飒爽英姿，老年人有老年人的夕阳风采，各有各的美。妈妈，你不是说学生时代爱跳舞吗？忘了年龄，重返少年时代去呀！"妈妈在女儿的鼓励下答应上民族舞班。就这样，女儿亲自去老年大学帮爸

妈报了名。逢到爸妈各自的学习日，便风雨无阻地送他们上学去；到放学时，再把他们接回家。

打从上了老年大学，老邢夫妇两人的精神状态就不一样了，生活丰富了，朋友增多了，生活的情味也变得醇浓了。夫妻关系加上了一层同学关系，有了更多的共同语言。老邢回来要做书法作业，老伴回来要练舞。老邢本有书法功底，一手毛笔字练得更为出色；而老伴的体质则明显增强了，显得神采奕奕。女儿目睹爸爸妈妈的变化，心里别提有多高兴了。

这天，轮到爸爸学习。她把爸爸照例送进教室，然后去上班。爸爸放学，女儿又翩然而至。一到教室，便麻利地帮爸爸把学习用品整理好放进书包，然后，一手拎着书包一手搀着爸爸下楼去。老年大学的学员都向老邢的女儿投去赞许的目光，说："老邢，女儿这么孝敬你，你好福气啊！"老邢脸上布满幸福的微笑。他女儿满腔真诚地说："小时候爸爸接送我上学，现在爸爸老了，我接送爸爸上学，这是我的一份反哺情啊！"学员老李说："过去你爸送你用的是自行车，现在你送爸妈用的是小汽车，时代不同了，亲情是一样珍贵呀！"大家都乐呵呵地笑了起来。

春风吹送着老邢父女乘坐的小汽车一路前行，在新通州的世纪大道上，留下了永恒的爱的车辙。

呵护父母犹如你幼年时他们待你那样：喂你吃饭，扶你走路……用心灵的呼唤，可将母亲唤醒，为什么？因为母亲的心和你永远是相通的。

礼貌待亲缘于敬，敬老礼节莫忘行。

苦儿唤母母终回，母子心灵本相通。

八、孝敬父母知感恩

感恩思想在近几年来似乎正在被越来越多的人认识并提及。进入市场经济社会后，一切向钱看，只认钱、不认人，甚至为了钱六亲不认的世风，现在已逐渐消退，有些褊狭的心态也渐渐向重真情、重亲情回归。尊重老人、爱护孩子、帮助弱者、接济贫困家庭等，成为社会舆论的主题。人们看到国人的良知在逐渐回归，中华大家庭的亲情氛围重新回到了我们的身边。科学发展，社会和谐，拉近了人们的距离，文明种子广为播撒，就连外国人也对今天的中国文化赞誉有加。一些外国游人走进中国的家庭，与普通人在中国一起生活，体验着中国家庭的亲情和温暖。

可能大家已经注意到，“感恩”这个词语近几年越来越流行，并经常挂在人们的嘴边。我们也可借此机会问一问：“你感恩了吗？”感谁的恩哪？感谢党，感谢领导，感谢那些帮助了我们的好心人等等。可是，千万别忘了你的父母，生你养你的父母，他们所给予你的养育之恩，即使你用毕生的努力，也是报答不了的。让我们一起再背诵一下孟郊的《游子吟》吧：

慈母手中线，游子身上衣。
临行密密缝，意恐迟迟归。
谁言寸草心，报得三春晖。

真是，“唐诗三百首，唯有此首真。”在简单明了的词句中，一个慈善母亲的形象仿佛就在我们的身边，这个母亲就是全中华无数个母亲

形象的真实描摹。慈母之情，被称为“人间第一情”。即使在今天这个丰富的娱乐世界，无数让人激动、让人沸腾、让人疯狂的歌曲音乐中，仍然是歌颂母亲、父亲的作品，最能激荡人们的情怀，并经常让人感慨唏嘘、喟叹不已。“你入学的新书包，有人给你拿。你雨中的花折伞，有人给你打。你爱吃的那三鲜馅有人给你包，你委屈的泪花有人给你擦……”阎维文唱的这首《母亲》，平白的歌词却深深地拨动着人们的心弦。还有崔京浩唱的那首《父亲》：“那是我小时候，常常坐在你的肩头。父亲是那登天的梯，父亲是那拉车的牛……”一字一句，荡气回肠。也许因为你们还在读书，没有远离父母的体会，可是我们这些有点年纪的人，每当听到这些歌曲的时候，总是忍不住心潮澎湃、泪花涸涸。知感恩是孝敬父母的感情基础，也是人性良知的基本展示。父母的辛苦只有等你们长大后，自己做了父母，才会有真真切切的体会。

其实，现在我们讲的感恩，涵义已经宽泛多了。比如辛辛苦苦教导我们的老师；真心真意帮助我们的同学；费尽心血培育我们的教练；精心为我们治病的医生等等，凡是那些在我们成长的过程中给予我们帮助的人，我们都应该记在心里，并永远怀着对他们的感激之情。每年在美国奥斯卡电影颁奖晚会上，几乎每个获得奖项的演员、导演、编剧等，在领奖感言中都要感谢一大堆人，听起来好像絮絮叨叨、千篇一律，其实那可真是他们的心声。因为他们知道，没有那些人的帮助，他们绝不会成功；是他们的父母、亲人和同事、朋友，共同为他们搭起了走向成功的梯阶。北京奥运中的中国奥运明星们，在获得金牌的第一时间里，自然流露出来的都是对父母、对家人、对教练的感激之情。据一家机构对金牌获得者所做的调查资料显示，对于“金牌最想献给谁？”的问题，绝大部分体育明星都在“家人”的选项下画了钩。因为：“在那些事业上最艰苦的日子里，总是和父母一起撑过来的。”在中国女子体操队夺得团体冠军之后，冠军成员江钰源的第一句话是：“现在妈妈不用去讨饭了。”还有好几位金牌得主都不约而同地对媒体说：“军功章有

父母的一半。”尽管这已经是个很俗套的句子，但表达的却是千古不变的真情，在他们闪烁着泪花的目光中，人们依然能被这种金牌光芒背后的细腻亲情所感动。不难想象，奥运金牌得主们通向成功之路并不平坦。从鼓舞他们拼搏向前的精神动力看，既有为国争光的理想和信念，又有来自父母的亲情支持和鼓励。

在西方，感恩也是大家共同保持的一种信念。为此，他们还专门设了一个“感恩节”，以提醒人们，别忘了去感谢那些曾经帮助过你的人。我们国内这些年也开始流行过“母亲节”、“父亲节”这样的带洋味的节日。那么，大家的这两个节日都是怎样过的呢？我知道，你一定给父母送了礼物，可能是各有特色的礼物吧，但我想知道，你是跟父母怎样说的，你内心里想说的话说出去了吗？你跟父母能顺利地沟通和交流吗？在那个日子里，你是否真的怀有一颗感恩的心？在英国流行一句谚语，“知道感恩的人通常都是好人。”法国的谚语则说：“感恩是内心的纪念。”在古罗马，有一句话说：“只知受惠不知报恩的人是最低贱的人”。

其实，真正知恩报恩并不像想象得那么容易。非洲有一句谚语，“让人知恩报恩，除非河水倒流！”外国人的这些议论使我们明白了这样一个道理：感恩是最普通的人生信念，是一个人必须具备的道德情怀。也许报答别人不见得就是高尚的表现，但是，连知恩报恩都做不到的人，却肯定不是一个品德高尚的人。那么，如果连生我养我的父母的恩情都不思报答的人呢？大家可以自己来做一个回答。中华民族的先辈们不仅倡导子女要永远记住父母的养育之恩，而且还用孝道给人们敬养父母的行为作了规范，让这种规范流行几千年，直到今天，成为光照世界、情激人心的文化瑰宝。

感恩是一种赤子之心，更是一种责任感；是一种对父母、对他人的正确态度，是健全人格的体现，是人生的美好境界和价值取向。古训中讲“受人滴水之恩，当思涌泉相报”。可见，感恩是人类共通的情感。清代文人谢泰阶在《小学诗》中这样写道：

第一当念孝，百善孝为先。
谁人无父母，各自想当年。
十月怀胎苦，三年哺乳勤。
待儿身长大，费尽万般心。
想到亲恩大，终身报不完。
欲知生我德，试把养儿看。

满头飘白发，红日已西山。
鸟有反哺义，羊伸跪乳情。
人若忘父母，不如一畜生。

诗中直叱忘记父母之恩的人是禽兽不如，似乎是在骂人了，事实上说话在理。亲情是任何动物都有的，只不过动物是本能，人有理智。当我们看到大猩猩抱着孩子哺乳，猴子背着小猴爬树，小鲸鱼在海里追着妈妈吃奶，小狮子在父母的身边嬉闹……也会情不自禁地发出由衷的赞叹。非洲的现代大猩猩智商已经很高了。有一次，电视片里出现了这样的画面：一只大猩猩死了，他的两个孩子一直守在他的身边，并且用手去拉他，去摇他的头、扒他的眼睛，一直守候了两三天，最后才无可奈何地离开，一边走还一边回头看。看到这样的场面，也让人心中感到一种自然的酸楚。人比动物高级，不仅有亲情，而且有理智，有道德感。如果失去理智，不讲道德，只要别人爱自己，自己却不想去回报，使亲情丧失殆尽，结果岂不是连动物都不如了吗？所以，由此而有人禽之辨，有君子、小人之辨。我们现在还在父母老师的养育和教导之下，主要还是应该从内心里去感恩和报答父母老师，从行动上去尊重父母、尊重老师。上海市教育部门将“学会感恩”写入第3版《中小学生守则》，在全国引起强烈反响，得到许多人的赞赏和认同。

百里负米

仲由，字子路、季路，春秋时期鲁国人，孔子的得意弟子，性格直率勇敢，十分孝顺。早年家中贫穷，自己常常采野菜做饭食，却从百里之外负米回家侍奉双亲。父母死后，他做了大官，奉命到楚国去，随从的车马有百乘之众，所积的粮食有万钟之多。坐在垒叠的锦褥上，吃着丰盛的筵席，他常常怀念双亲，慨叹说：“即使我想吃野菜，为父母亲去负米，哪里能够再得呢？”孔子赞扬说：“你侍奉父母，可以说是生时尽力，死后思念哪！”将来也许你会懂得，欲孝敬父母而不能做到的感觉，正是人生最大的悔恨和无奈。

负米供旨甘，宁辞百里遥。
身荣亲已殁，犹念旧劬劳。

孝肾回归

2004年9月30日上海中山医院，一颗在儿子体内工作了38年的肾脏，换到了身患尿毒症的母亲体内，去延续母亲的生命。母亲孕育了儿子的生命，儿子又用自己的肾脏挽救了母亲的生命，这颗肾脏的回归，是多么博大的爱的轮回！

田世国是山东枣庄人，一直从事律师工作，1999年到广州发展。2004年3月，住在山东老家的母亲被查出患了尿毒症，田世国得知后，和弟妹们拿出所有积蓄并借了一大笔钱，为母亲每星期做两次透析，以维持生命。田世国看到63岁的母亲透析太痛苦，于5月份偷偷去上海中山医院做了血样检查，配型成功。他毅然决定瞒着父母将自己的一个肾脏移植给母亲。刚生完孩子几个月的妹妹也去上海做了血检，配型也成功。弟弟患有心脏病也抢着做检查为老母换肾。最后田世国一锤定音：“我是大哥，我说了算，肾换我的！”

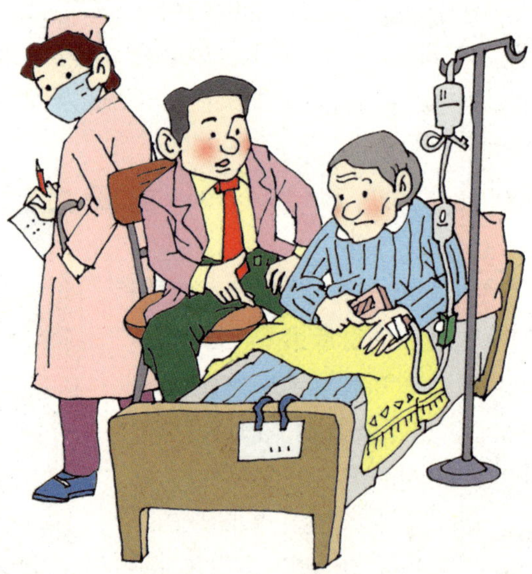

田世国是把母亲骗到上海来的，说是想办法弄到了肾源，母亲当时信以为真。9月30日田世国首先被推进手术室，他说；“我终于可以救我妈妈了，现在就是妈妈知道了也不怕了，再过一会儿，我的肾就要在她的体内工作了。”手术进行得很成功。主持手术的朱同玉教授说：“常见的移植主要是长辈捐肾给孩子，像田世国这样小辈捐肾给长辈,我从医15年来从没见过,真是太了不起了。如果能有更多的子女这样做,很多父母的生命就能延续。”

在上海中山医院,母亲住在7楼,田世国住在6楼,一层之隔,母亲却一直不知道。人们被儿子的孝举所感动,都小心翼翼地帮着隐瞒实情。田世国的弟弟田世凯说:“如果我妈知道那个肾是我哥的,她会从楼上跳下去,她绝对做得出来。”因此他在病房门口站着,不让任何记者闯进去。

事后,田世国对记者说:“我妈为我们兄妹操劳了一辈子,我换给她一个肾值得,就是能换给她多活一天也值得……如果我妈恢复得很好,这就是个一辈子的秘密,她永远不会知道用的是她儿子的肾,但如果我妈排斥反应很强烈,我也会告诉她,激励她活下去,我知道我妈会因为珍惜这颗肾而坚持下去的。”

感恩,黄久生11年反哺家乡人

黄久生6岁时,他的母亲撇下他和4岁的妹妹、2岁的弟弟离开了人间。迫于生计,黄久生的父亲把2岁的弟弟送了人,他出外打工。6岁的黄久生便肩负起照顾妹妹、洗衣做饭、下地干活、挑粪挣钱上学等“非常使命”。

有一天傍晚,邻居姑姑带着蒸好的南瓜去看望正在破土坯房吃饭的黄久生兄妹。看到兄妹吃的稀饭清可见底,“菜”竟是用大盐疙瘩泡成的水,邻居姑姑的眼泪一下子流了出来。面对热乎乎的蒸南瓜,妹妹让哥哥先吃,她说:“哥,你不吃饭干活没有劲!”哥哥推辞不下,只好拿起两块塞进嘴里。他对妹妹说:“哥吃饱了,你快吃吧。”互让南瓜的故事传开后,村人对兄妹的凄苦生活再也看不过去,于是两个可怜的孩子成了乡亲们的共同牵挂。从此,东家一碗稀饭,西家一个小窝头,南家奶奶一小碟咸菜,北家大婶一双棉鞋,一件旧棉裤,甚至一句关心的话,都在黄久生小小的心灵里打下了深深的烙印。

中学毕业后,17岁的黄久生便与几个老乡走出了大山,到郑州一家建筑公司打零工。为学技术他虚心向师傅请教,向工友们学习。他省吃俭用购买书籍,常常苦读到深夜。离家三年的黄久生,在春节前雇了一辆拖拉机满载年货,突然回到了家乡。

领到黄久生带给他们的年货,乡亲们感慨万分,激动不已。但对改变乡亲们的困难处境来说,这点东西真是“杯水车薪”。看到家乡依旧贫穷:低矮的房屋,

破旧的道路，过年没钱买年货，黄久生的心情沉重起来。

为了家乡摆脱贫困，春节过后，他从家乡带出40多名劳务人员，来到郑州的建筑工地。此后的几年，由于黄久生诚实守信的人格魅力，他的施工队扩大到几百人。由于干活细致，踏实，不但赢得了中建七局领导的肯定，而且还博得了河南建筑业“铁鸟”的雅称……他本人还获得2006年度全国五一劳动奖章。

黄久生在外打拼10年，可看到家乡发展那么缓慢，孤寡老人过年买不起米、面、油，买不起御寒的衣服，黄久生心痛极了。1996年春节还没到，黄久生早早把2万元钱送到镇党委书记手里，委托他为镇里680户孤寡老人买年货。此后，每逢年节，黄久生就会把捐助孤寡老人的钱提前送去，而且每次捐助钱数都在增加，黄久生捐款为家乡修路，修建敬老院，为困难家庭送钱送物……

黄久生把当年帮助自己的父老乡亲当成自己的父母，他要把对父母的孝心转变为对乡亲们的亲情。他的心里始终牵挂着家乡的父老乡亲，家乡的发展。黄久生协助乡政府带领乡亲致富，乡亲们的生活改善了。当乡亲们盖起了新房和小洋楼时，黄久生的家依然是低矮的、破旧的土坯房。

这是大爱的轮回，这是血脉的回归。儿子回报母亲本是天经地义，以肾还母创造人间奇迹。

我命本从母体生，我与母亲血脉通。

我今将肾还母体，牢记母亲育我情。

九、多行孝道知有责

牢记父母生养自己、抚育自己，常怀对父母的感恩之心；尊敬父母、孝顺父母，为父母端茶送水、投医问药，平时不让父母生气上火，这些还只是限于"家"的范围。我们每个人都还有自己的理想信念、远大志向，要为国家和社会作贡献，也就是要承担起力所能及的社会责任。人总是要长大的，长大以后是要做事的，所谓好男儿志在四方。我们不可能永远守在父母身边；任何一位父亲或者母亲也不希望自己的孩子什么事情也不做，永远在家里围着自己转。用最普通的话说，父母都希望自己的孩子长大以后"有出息"。有什么样的出息呢？不是做大官，不是发大财，也不需要非作出什么惊天动地的英雄壮举，用最一般的标准来说，就是希望儿女能自立，能做事，能有生活自理的能力。往高里说，就是报效于社会、报效于国家，做一个为国为民、有所作为的人。父母对子女总是充满着期待。高尔基说过："世界上哪怕最愚蠢的女人，也希望自己的孩子能够迈出第一步"。所以，讲孝道还有更高的要求，那就是：知道自己应该承担的社会责任，找准自己的社会位置，努力为国家和社会做出贡献。哪怕你在自己前进的路上迈出一小步，作出一点点的成绩，第一个露出笑容的肯定是你的父母。做父母的常说；"只要你在外边做得好，比给我多少钱、给我买多少好吃的都强。"

现在流行的一句话就是："你要为自己做的事负责啊！"负什么责呢？说话要负责，做事要负责，交朋友也要负责。而最重要的是，我们长大以后要为国家社会负责，要为人民的事业负责。"负责"就是要光明磊落地做人，就必须有担当大事的胸怀和胆略。这里自然就出现一个如何处理国与家的关系的问题。家有家的责任，国有国的责任，两者的责任都要负，那么，当两者发生冲突的时候怎么办呢？你会立即回答：当然是国大于家。回答正确！因为国管的是"大家"，国不安则家难安，国安定则家团圆。国难当头的时候，必须要舍小家而顾大家，毫不

犹豫地冲在前面，奋斗牺牲在所不辞。平时呢？在怀揣小家的时候，不要忘记把国家这个“大家”放在心中。翻开华夏民族的历史篇章，不难发现：数千年来，在中华大地上留传下来很多很多关于父母与子女之间融融亲情的故事，以及由爱心、孝心所谱写的爱祖国、爱人民的诗篇。不管哪个朝代，都有舍家撇业、为国捐躯的英雄出现，古代的、现代的，数不胜数。当年的抗日战争、解放战争、抗美援朝，多少父母送自己的孩子参军上战场，为国杀敌。子弟兵挥别父母，告别家乡，为国捐躯，在所不惜。古人说，忠孝不能两全。我们也可能因为工作而无法留在父母身边，但做父母的决不会因此而埋怨子女，他们反而会为你高兴，因为他们知道，自己的孩子长大了。实际上，为国尽忠者是大孝。若每天无所事事，怕苦怕累啥也不想干，又不想出力还想多挣钱，好吃懒做，游手好闲，隔三差五地整出个“突发事件”来，让父母操心费力，你就是天天同父母在一起，不断给父母制造麻烦，又何谈孝道呢？爱父母、爱家园，更要爱祖国、爱人民，立志担当起人生的责任。

西汉时期司马谈的《命子迁》中指出：“夫孝始于事亲，中于事君，终于立身。扬名于后世，以显父母，此孝之大者。”意思是说，孝道是从侍奉双亲开始，中间是侍奉君主，最终是立足于社会。能够扬名于后世，使父母得以显耀，这才是最大的孝。用今天的思想来理解，就是要热爱党、热爱人民、热爱祖国，不辜负父母的养育之恩。

岳母刺字

岳母要儿子牢记“精忠报国”的壮志，造就了岳飞为祖国献身的赤胆忠心。“岳母刺字”，最早见于清乾隆年间，杭州钱彩评《精忠说岳》，该书第22回，回目“结义盟王佐假名，刺精忠岳母训子”。内容为，岳飞不受杨么的使者王佐之聘，其母恐日后还有不肖之徒前来勾引岳飞，倘若一时失察受惑，做出不忠之事，英名就会毁于一旦。于是祷告上苍神灵和祖宗，要为岳飞刺字为警记。岳飞说，身体发肤，父母所赐，不敢毁损。母亲生气地说，为了国家，怎么能只顾爱惜自己的皮肉呢？于是，在岳飞背上刺了“精忠报国”四字。

岳飞事母既孝，为国尽忠，一生俭朴，不置田产，不积私财，不为后代钻营利禄。岳飞治军严谨，纪律严明。人称：“冻死不拆屋，饿死不掳掠”。“撼山易，撼岳家军难”。打仗时他身先士卒，与士兵共甘苦，从不居功自傲，赢得了历代人民崇敬和同情。关于岳飞的传说不仅很多，而且流传的形式也多种多样。在一些地方人们将油条称为“油炸烩（音同桧）儿”。人们在杭州岳飞墓前铸造了秦桧夫妇等四个铁人，造像为双手反剪，面向岳坟跪着，墓阙上悬联：“青山有幸埋忠骨；白铁无辜铸佞臣。”历史流传下来的一首《满江红》词：“怒发冲冠凭栏处，潇潇雨歇。抬望眼仰天长啸，壮怀激烈。三十功名尘与土；八千里路云和月。莫等闲白了少年头，空悲切。靖康耻，犹未雪，臣子恨，何时灭。驾长车踏破贺兰山缺，壮志饥餐胡虏肉，笑谈渴饮匈奴血。待从头收拾旧山河，朝天阙。”这首词作，据说是明朝的人后写的。但其中歌颂岳飞爱国精神的思想境界，激励了近千年以来无数以身许国的英雄豪杰。

祖国永远在我心中

2008年对中国来说，是很不寻常的一年。3月份，“藏独”分子在西藏进行打、砸、抢、烧的暴乱，接着在世界各地肆无忌惮地破坏奥运圣火的传递；部分西方媒体又进行了颠倒黑白地宣传报道，这一切使全世界的华人被激怒了，他们纷纷站出来举行集会和抗争。4月13日到15日，从美国的旧金山、西雅图，到加拿大的渥太华、多伦多，从澳大利亚的墨尔本、悉尼和堪培拉，到西班牙的马德里，成千上万名华人和中国留学生群情激昂地集合起来了。他们支持北京奥运，反对“藏独”分子破坏奥运圣火的传递，反对西方媒体颠倒黑白的报导。4月19日，欧洲华人也吹响了“集结号”。这一天，巴黎、伦敦、柏林，还有很多其他城市，都出现了规模或大或小的华人集会或游行。4月19日这一天，巴黎就有近万人到场，在伦敦和柏林，人数也超过了3000。圣火所到之处，五星红旗铺天盖地，爱国之声直冲云霄。

在巴黎的集会上，最令人难忘的莫过于中国留法硕士生李洹用法语发表的讲演。讲演的题目是“不能让祖国受委屈”。演讲结束，中国人和法国人争相与他拍照，一时间，几乎成了明星。在这之前，李洹还登上法国电视二台，与该台驻北京记者就有关西藏问题进行辩论，辩论结果赢得了对方的尊敬，为中国人维护了尊严。据李洹自己说，在讲演之前，他还犹豫过，过多抛头露面，是否会惹来麻烦。但“藏独”分子的嚣张、法国政府的漠视，我国传递奥运圣火使者的艰难，使他愤慨万分，最后，他还是登上了讲演台。他说：“不这么做我会后悔的。”演讲

结束后，在接受中国媒体采访时，他泣不成声："这次活动让我感受到中国人从来没有过的团结，也知道了我们'80后'的同胞有多么爱国。我很想对国内的前辈说，请相信我们吧，如果把保卫祖国的任务交给我们，我们会胜任的。"从李洹身上，我们看到了80后青年真挚的爱国主义情怀，看到了他们对祖国、对民族的责任心和使命感，这就是中华民族新一代青年积蓄在心中的民族精神和爱国情怀的展现。他们的言行，对得起养育自己的祖国，对得起哺育自己长大的父母，担得起捍卫祖国尊严的责任，负得起推进中华民族兴旺发达的历史使命。中华民族忠孝文化的精髓，将会世世代代永远传递下去。

肥姐和她的乖女儿

肥姐是一个遗传性心脏病患者，经常犯病。那天，只有她和4岁的女儿在家，突然，肥姐犯病了，女儿曦梦马上明白发生了什么事。她第一时间给爸爸打了一个电话，然后又冲到妈妈放药的地方，可是四个药瓶，对于只认识几个简单汉字的曦梦来说，无法判断哪一种药是救妈妈命的，这时肥姐已经说不出话来。聪明的曦梦急中生智，拿起一个药瓶对肥姐说："妈妈，这个如果是你就眨下眼睛，不是就别眨眼。"试了三次，终于搞清该给肥姐吃什么药，又用同样的方法知道了用药的剂量。药丸大，而肥姐的嘴只能张开一点，药丸进不去。曦梦就把药丸弄成一个个小小的药粒，可是肥姐还是无法把药咽下去。女儿做了一件让肥姐感动无比终生难忘的事——她把大药丸放在嘴里拼命地咀嚼，一直变成药汁喂到肥姐的嘴里！肥姐的眼泪无声地落下来。当时曦梦只有4岁，平时病了吃药都要哄着吃的啊。这次梦曦一边哄肥姐，一

边把肥姐的腿抬到了床上，体重 160 斤的肥姐，她的两条腿对小小的女儿来说无疑像两座大山一样沉重。肥姐真不知道女儿当时哪里来的那么大力气。

曦梦 6 岁那年，父亲去深圳打工了。肥姐那阵子情绪一直不太好，经常出去打麻将。有一天，肥姐拿起钱包往外走，曦梦突然叫住妈妈，并把妈妈“训斥”一顿：“……你还有心思打麻将？爸爸自己去南方，到那谁也不认识，病了怎么办？死了怎么办？你不去打麻将能得精神病啊！”面对女儿有理有据的批评，母亲心头一酸，羞愧难当……从此，肥姐再也不去打麻将了。

一天，肥姐接到父母的电话，他们哭着给肥姐读了一封曦梦给他们的信。信中说自己要去南方找爸爸，照顾爸爸。要求姥姥、姥爷养活自己的妈妈，自己将来挣了钱再还给姥姥姥爷。听了女儿感人肺腑的话语，肥姐决定：到深圳和老公一起打工！肥姐把父母接到自己家来照顾女儿。临上火车时，女儿对肥姐说：“妈妈你放心，只要你照顾好我爸，我一定照顾好你爸和你妈！”

爸爸、妈妈不在身边，曦梦更懂事了。她学习上从来不用姥姥、姥爷来操心，而且尊敬老师，团结同学，多次获得奖状。她的理想是考上北大、清华。这是她在姥姥、姥爷身边获得的良好教育和鼓励的结果。

我们爱自己的父母，也爱自己的家园；我们更爱自己的祖国，爱中华民族的大家庭。当祖国需要我们的时候，我们会挺起胸膛，走向祖国最需要的地方。保卫我们的父母，建设我们美丽的家园。这是我们中华儿女的神圣职责。

父母身边儿长大，温馨抚育给我家。
祖国人民需要时，男儿立志在天涯。

十、尊老敬老心要诚

怎样才算对父母尽孝呢?怎样做才算是一个孝子呢?关键不在做什么,而在于“心”,在于你的内心世界对父母是不是真爱,是不是真的尊重,孝要心诚。古人认为:“百善孝为先,论心不论绩,论绩贫家无孝子。”是说:孝心不论贫富,只要心中有父母,知疼知热、知寒知暖,父母不受冷落,就算尽孝了,至于吃穿住用,贫富多寡,不必勉为其难,只需尽力就是了。不必住高楼大厦,不必吃风肝龙髓,不必穿绫罗绸缎,只要儿女尽到心,当父母的决不会再有更多的苛求。即使你位高财富,吃穿不愁,如果只顾自己吃喝玩乐,把父母丢在一边不管,任其劳累疾患,无人关心,那么,老人们就会伤心透顶。能享福不是坏事,但这不是主要的,最主要的是关爱,是亲情,是尊重。父母对子女的爱是不会变的,他们的爱需要子女们用爱给予回报。爱藏在心中,但毕竟还要有些孝敬的言行来表达。古人对如何行孝也有一些具体的要求,今天看来也许有的要求不太合乎时宜,但放在现今的条件下,加上我们熟悉的时代内容,将心比古,参照实行,也许对我们会有所启发和帮助的。

孔夫子在这方面有一些确切的说法:“孝子之事亲也,居则致其敬,养则致其乐,病则致其忧,丧则致其哀,祭则致其严。五者备矣,然后能事其亲。”

“事亲者居上不骄,为下不乱,在丑不争。居上而骄则亡,为下而乱则刑,在丑而争则兵。三者不除,虽日用三牲之养,犹为不孝也。”

孔子说:孝子对待父母,平时起居要恭敬讲礼数,要照管父母的生活,让他们保持快乐的心情,父母生病要时时关心照看,父母去世心中感到悲哀,祭奠父母要严格遵守礼规。

而且,孝敬父母,不但要有以上的五要,还要有以下的三忌:一是身居高位的人不要骄傲自大,二是身居下层的人不要有不法悖乱的作为,三是在市井百姓当中要与人和平相处，不要和他们争斗。身居高位而骄傲自大的人，必招致灭亡之灾；身居下层违法作乱的人，必遭受严厉的惩罚；在凡人百姓中与人争斗，必然招致凶险。若不戒除以上三项逆行，就是每天用牛羊猪三牲来奉养父母，也没有尽到孝的本职，等同于不孝。老夫子的话，今天看来也许有些过腐，但除去那些已经繁琐落后的礼节之外，他的说法还是颇有人情味的，人们真正能做到并不容易。

孝敬的关键是我们心中对父母的敬意。孝，归结起来就是：养亲、敬亲、悦亲、荣亲、礼亲。

涤亲溺器

黄庭坚，北宋分宁（今江西修水）人，著名诗人、书法家。在北宋元祐年间，任太史一职。他生性十分孝顺，虽身居官位，侍奉母亲却竭尽孝诚。每天晚上，都亲自为母亲洗涤溺器（便桶），一刻没有忘记做儿子应尽的孝道。黄庭坚可是“大学者”啊！可是他并不摆架子。回到家里，奴仆佣人一概不用，一定要亲自做这件事。这不是作秀，而是要尽做儿子的责任。

贵显闻天下，平生侍孝亲。

不辞常涤溺，焉用婢生嗔。

这里还有一个另类《二十四孝》的故事，名叫《笼负母归》也很有意思。说的是后汉时新丰人，姓鲍名出，字文芳，天生魁伟，生性至孝。一天他不在家，一伙强盗把他母亲劫走。鲍出闻讯后，怒发冲冠，抄起一把刀就不顾一切地追下去。沿途杀了十几个贼人，终于追上了劫掠他母亲的强盗，远远看见母亲和邻居老妪被绑在一起。他大吼一声，奋力上前。众贼见他来势凶猛，锐不可当，吓得四散逃命。鲍出顾不上追敌，径直跑上前来，叩头请罪。跪着给母亲和邻居老人解开绑绳，将她们解放回家。后来战乱纷起，他就侍奉母亲到南阳避难。待战乱平定，其母思归故乡。可是路上跋山涉水，抬轿难行，鲍出思虑再三，就编了一个竹笼，请母亲坐在笼中，将她背回家乡。后人有诗赞曰：

救母险如履薄冰，越山肩负步兢兢；
重重危难益坚忍，孝更绝伦足可矜。

人生答卷

丹东市高三学生顾成章刚上高中的时候，父亲因为一次意外不幸去世。母亲精神受到打击，上火得了乳腺癌，这个下岗工人的家庭一下子彻底陷入了困境，只能靠亲朋好友的接济和政府发放的低保金维持生计。顾成章似乎一下子长大了，他默默地承担起这个不幸家庭的责任。母亲第一次手术，还不到 18 岁的他在手术单上签字，当时的他并没有意识到签字以后的责任是何等的重大。

每天早晨 4 点，他就起床给母亲准备好一天的饭菜，再把母亲一天要吃的药物分门别类地摆在母亲床前。白天学习之余他还在考虑如何为母亲进行下一步的治疗。他学会了打针，在母亲疼痛难忍时，给她打针止痛。

2008 年 3 月母亲因病情进一步恶化，不得不住院治疗，而这时候正是高考复习的关键时期。母亲由于病情加重，神志已变得不清醒，照顾母亲的工作，相比之下变得更为繁重。他每天 4 时半准时去排队，给母亲办理放疗手续。母亲已不能自己进食，他就把饭打回来，一口一口地喂她。晚上回到医院，在母亲病床前摆张小板凳，坐着替母亲按摩，同时陪母亲说话。直到母亲睡去，他才悄悄地捧起书本，在走廊微弱的灯光下看书，累了、倦了，便蜷缩在母亲床边睡上一觉。

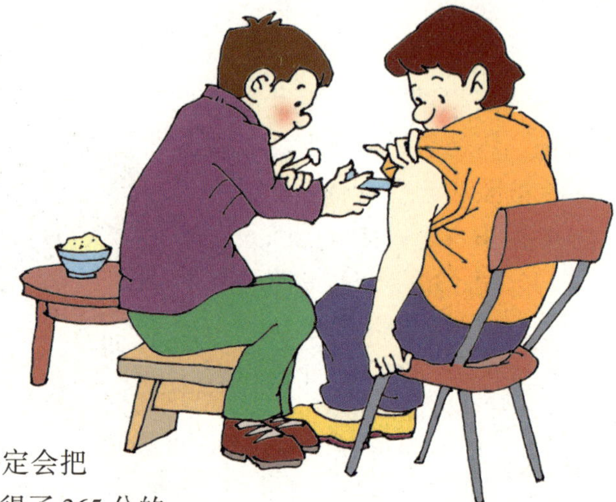

亲属为了给他增加营养，资助他些零花钱，他都省下来给母亲买瓜子糖果等小食品。他常说：“妈妈，你要坚强，等我考上大学后，走到哪带你到哪。我一边打工上学，一边照顾你，一定会把你的病治好的。”这个中考只得了365分的学生，克服生活重重压力，高考竟考出了580分的优异成绩，交出了一张令人感动的人生答卷。

在高考分数下来的时候，他妈妈把孩子搂在怀里，娘俩痛哭一场，哭完后妈妈笑着对顾成章说：“你是好样的，在咱这个家庭，能考出这样的成绩，妈妈为你骄傲。不要忘记帮助过咱们的人，特别是培养你的母校。”

高考分数下来后的第三天，苦苦与病魔挣扎了三年的母亲终于含泪撒手人寰。

大学生休学，梦病母打工

张尚昀家住湛北乡一个偏僻的村庄。2000年，他以优异的成绩考上了长春税务学院。可是就在张尚昀踏进大学的第二个月，妈妈意外摔伤，脑震荡落下后遗症，生活渐渐不能自理。为了他的学业，家里人没有把这个消息告诉他。

2001年初，小昀放寒假回到家里。当他看到躺在床上的妈妈时，妈妈已经不能开口说话了。“妈——你咋的了？”小昀扑到妈妈身上，泪飞如雨。

小昀从记事起就没有见过爸爸，爸爸和妈妈离婚后一直杳无音信。妈妈是姥姥和姥爷唯一的一个女儿。姥爷去世后，妈妈和姥姥含辛茹苦把小昀抚养成人。妈妈是家中主要劳动力，妈妈病了，家中没有任何收入，不要说看病，连基本的生活需要都没有了保障。要过春节了,家里只有一颗大白菜,小昀和姥姥、妈妈三个人抱头痛哭。

2001 年 7 月,19 岁的张尚昀申请休学。他要去外地打工,挣钱给妈妈看病。由于身体单薄,加上没有工作经验,一个月只挣四五百元。他每月用挣来的钱买回药品,为妈妈治病。

第二年春天,外婆不幸去世了。为了能打工挣钱给妈妈看病,又能照顾生活不能自理的妈妈,并顾及学业,张尚昀背起妈妈踏上了前往长春的路途。

妈妈的病情日趋严重,经常出现癫痫发作和休克,为了妈妈的安全,张尚昀走到哪里,就把妈妈带到哪里。为了省下坐车的钱,他就背着妈妈找活干。他到建筑工地运砖,到车站扛包,经常一天干十一二个小时。吃饭时,他给妈妈买回饭,一点一点地喂到妈妈嘴里。为了省钱给妈妈看病,他只有饿得顶不住了才买点吃的。长期的营养不良,张尚昀瘦得厉害。身高 1.8 米的他,体重只有 53 公斤。

小昀家庭的不幸及打工救母的事迹,感动了长春税务学院的师生。同学们自发捐款,学校破例允许他在校外自学,然后到校参加考试,完成大学学业。

无论走到哪里干活,张尚昀带着妈妈,背着书包,白天一闲下来就看书,晚上安顿好妈妈,继续学习。坚强的张尚昀在自学的情况下,每学期的考试都是优秀,还多次得到学校的奖学金。

在没修完专业课程的情况下,2004 年 5 月,张尚昀参加了河南省税务系统公务员招聘考试,在数千名考生中,他取得了笔试第一名。遗憾的是,由于他尚未毕业,没有被录用。

"感谢天,感谢地,感谢老师"这是小昀经常说的话。除了学校和老师外,让他们感激的还有他们的街坊邻居以及当地

的党委、政府。当地政府拨出了专款对小昀家的房屋进行维修，工资不高的机关干部捐赠5000多元。

如今，张尚昀正在一家个体公司打工。他现在最大的心愿就是大学毕业取得学位，找到工作，为妈妈看病、还债，报答好人的恩情。

人的一生应该怎样度过?身临困境应该怎样面对?关于人生的问题总是一个又一个地摆在我们面前。而许多问题，用语言和文字是无法回答的。真正的答案在你的人生旅途中。用你的选择、用你的行动，为所有的难题作出最好的回答吧。

人生旅途有源由，父母之恩记心头。
莫叹仕途多磨难，要把孝心世间留。

十一、人生百行孝为先

每个人都要经历从小到大的成长过程。长大以后走向社会，要独立地工作生活，要学会为人处世，同社会上的各种人员交往，接受各类人员的评价。是“好人”，还是“坏人”，这是大家评定一个人的品德、人格的最简单划分。看电影、看小说，我们肯定首先要分清其中哪个是好人，哪个是坏蛋。我们喜欢“好人”，憎恶“坏蛋”，这也是我们明辨是非的最低画线。即使刚刚懂事的幼童，也喜欢听别人说“这孩子真好”。在社会上与人相处，谁都想得到“好人”的评价，而不愿意让别人称自己“坏蛋”。可是，究竟什么样的人是才真正的“好人”呢？可能不同的人有不同的评价标准。而从人类的共性标准来看，却有一个大家认同的基本依据，那就是看他对自己父母的态度如何。中国社会民间，千百年来流行的一句话是：“孝子可交”。那是因为，能够孝敬自己父母的人，不管他别的方面做得怎么样，起码他的良心还没有泯灭；如果连生养自己的父母都不管不顾，说明他做人缺乏基本的道德良心，对待别人又怎么可能以诚相待呢？不懂得孝敬父母的人，即使你有天大的本事，有万千的财富，别人也会对你敬而远之。别人同你交往，他要观察你对父母家人的态度，讲不讲亲情孝道；你同别人交往，也同样要看他在这方面的表现。不孝之子，定不可交。

古人既然很重视孝道，自然也会对孝子褒扬有加。像本书引用的《二十四孝图》中，就选择了二十四位孝子的事迹，作为行孝道的榜样和标杆，流传后世，以警后人。虽然其中含有一些封建糟粕，遭到鲁迅先生的痛批，但时至今日，我们的是非分辨能力已经不是旧时代的愚民可比。借鉴古人，分清好坏，传承中华孝道文化，对我们现代青少年来说并不是一件很难的事。相信今天的人，谁也不会看完之后就回家“戏彩玄衣”，或把自己的儿子埋掉。如前所说，只有心里面常怀对父母的爱和敬，行动上能够妥善地照顾父母，保持做人善良的底线，才能在社会上交友立世,站住脚跟。当你走上工作岗位,实现自己人生理想的时候,就会有很多人愿意帮你,助你成功完成自己的事业。

你看过《隋唐演义》吗?这部书不能算最好,但其中塑造的各种人物还算鲜活。比如书中的主角秦琼秦叔宝,就是一个忠孝两全的榜样性英雄。因为他对母亲的至孝,对朋友的至信,本事又好,所以得到天下英雄好汉的敬仰,最后聚义瓦岗寨,帮助李世民打倒昏君隋炀帝,成为唐朝的开国功臣。他死后被重画其形象于凌烟阁,封为唐开国二十四功臣之一,得到后人的崇敬。前面讲到的岳飞,以及后来的陆游、文天祥等人也都是历史上有名的孝子和爱国之臣,名传青史、备受敬仰。

相反,不讲孝道、背弃良心的人,一定会受到社会舆论的谴责,并且成为大家以此为鉴的反面典型。古人也经常会把不孝之子的事情拿出来晾晒;老人们也经常会拿忤逆之子的恶行作为反面教材来教育我们,告诉我们千万不要做这样的人,以免遭人唾骂。有一出京剧名叫《天雷报》,老艺术家周信芳饰演其中的张元秀老汉,演得声情并茂,十分感人。故事是:相传有个叫张继保的人,原姓薛,襁褓时即遭遇兵难,父母逃难时将他丢在路边,被开豆腐店的张元秀拾回,抚为己子,钟爱非常;后来又送他入学,让他读书。因为张元秀本来没有儿子,所以对他爱如掌上明珠。没想到十三岁时,却被薛氏生母认去,张继保掉头不顾,竟随之俱去,张元秀亦无可奈何。从此以后,老夫妇思子心切,时常相对哭泣,老妻更是悲痛难忍,致成疾病。此后,生理抛荒,几乎沦为乞丐。几年后,张继保竟得中状元还乡,他的薛氏亲生父母,让他到清风亭这个地方访寻二老,以便迎归奉养,张继保勉强答应去了。当时二老因得到地保送来的消息,心中甚喜,天天在清风亭侧盼望,以为他必厚礼来迎。谁想到张继保来到

之后，看到老人如此穷困，竟翻脸拒不相认。二老于是轮流哀告，跪求收养，张继保仅赏给青钱二百，赶他们回去。二老气愤填膺，触壁而死。张继保想掉头回家，天空忽然布满阴云，大雨雷电，一个霹雳，将张继保殛死，观者大快。剧的最后用了迷信的手法来惩治这个不孝之子，让老天爷用雷把张继宝劈死了。大概是要告诉人们，不知孝敬、不知感恩的人一定没有好下场吧。周老先生的演唱悲怆凄凉、充满真情，听后使人眼含热泪、感慨万千。

古人对于孝敬父母，有很高的要求，并不限于吃穿供养这些生活上的事情。他要求我们树立一种精神境界，说话做事一定要有父母在心中，因而能够经常告诫自己，要做好事让父母感到放心和荣耀，不要做不好的事，使父母悬心和脸上无光。所以，我们长大成人走上社会以后，任何时候也不能忘记父母的教导，不能忘记父母养育我们的辛苦，自觉约束自己的言行，多做好事，不做坏事。

《论语》里记载了子夏的一段话："贤贤易色；事父母能竭其力；事君能致其身，与朋友交言而有信，虽曰未学，吾必谓之学矣。"意为："尊敬贤人，不重女色；侍奉父母，能够竭尽自己的力量；与朋友交往，说话办事讲信用。这样的人，虽然他自谦说没有读过书，我也一定要说，他是读过书的。

孟夫子对此也有他的议论："世俗所谓不孝者五：惰其四肢，不顾父母之养，一不孝也；博弈好饮酒，不顾父母之养，二不孝也；好货财，私妻子，不顾父母之养，三不孝也；从耳目之欲，以为父母戮，四不孝也；好勇斗狠，以危父母，五不孝也。"这是《孟子·离娄下》中的一段话。他指出了不孝顺父母的子女有五种表现：懒惰、赌博酗酒、贪财好色、行为放荡使父母感到耻辱、好勇斗狠危及父母。这些，即使对于我们今天的青少年来说，难道不也是规范自己言行的警戒吗？

讲到这里，又使人想起了京剧《洪母骂畴》的故事。明末，蓟辽总督洪承畴率军抵御清兵，战败降敌。清封之为招抚江南总督军务大学士，使率军南下。洪返福建探母，洪母闻讯，怒筑"六离门"，以示"六亲不认、众叛亲离"之意，闭门不纳。并痛斥其叛国之罪，洪妻亦与决裂。并怒斥："你的爹爹洪宗岱，抗敌碧血洒征程，英烈忠魂震乾坤。到如今郑成功兴师厦门，驱胡臣操兵将虎跃龙吞。天道无情且休论，人心不死浩气存。谁似你屈膝投降天良丧尽，不忠不孝、无情无义、无国无家、无父无母、无妻无子、无众无亲、卖国求荣、利欲熏心、认贼作父的无耻人！"随后，洪母命其孙往投义军抗清，与媳自焚殉国。此剧是 1960 年中国戏曲学院根据闽剧《六离门》改编演出的，以老旦为主，而降敌拜帅的大官洪承畴，却是由丑角扮演的。可见,对国家的不忠就是最大的不孝。不忠不孝之人,不论在哪个朝代,都是要遭人唾骂的。

拾葚异器

汉代汝南(今属河南)有一个叫蔡顺的人,少年丧父,事母甚孝。当时正赶上王莽篡位作乱,又遇到饥荒,柴米十分昂贵。蔡顺只得到处摘拾桑葚,以便母子充饥,并且把拾到的桑葚按黑红两色分别装在两个笼子里。有一天,正巧遇到起义的赤眉军,义军士兵厉声问道:“为什么把红色的桑葚和黑色的桑葚分开装在两个篓子里?”蔡顺回答说:“黑色的桑葚供老母食用,红色的桑葚留给自己吃。”赤眉军士兵受到感动,怜悯他的孝心,送给他三斗白米,一头牛,带回去供奉他的母亲,以示敬意。

黑葚奉萱闱,啼饥泪满衣。
赤眉知孝顺,牛米赠君归。

一个博士后的选择

他叫史敬灼,祖籍山东。他在人们的心里,首先是孝子,然后才是个博士后。

史敬灼曾谢绝过美国、日本等一些国际大企业的邀请,2003 年 9 月应邀到香港德昌电机(深圳)有限公司工作。2004 年 4 月他又放弃了年薪数十万元的工作,毅然回到了父母所在地——洛阳,并在那里工作、定居。如今,他已经 31 岁了,却仍然单身一人。他曾经有过女朋友,那女孩让史敬灼跟她一起到英国留学，史敬灼放心不下父母，两人含泪分手了。后来，也有不少人给他介绍过对象，他都因担心女方不孝顺他的父母而作罢。他说，他想找一个愿意跟公公婆婆住在一起的媳妇，不孝敬父母的人，我不会娶。

史敬灼在河南科技大学电子信息工程学院任教，工作十分繁忙。他的父亲患了老年痴呆症，母亲又是甲亢患者。所以，除了工作，他的精力都化在了照顾两位老人身上。他为父母做饭，每天挽着他们出去散步，有时还蹬着一辆三轮车，载着父母去逛公园。工作之余，他一直守在父母身旁。

父亲有病，天不亮就醒了，没人哄就会发脾气。史敬灼心疼父亲，又怕母亲睡不好，主动提出跟父亲睡在一个屋。每天早 5 点钟起床，陪着他父亲聊天，等母亲起床了，又陪母亲上街买菜、做饭……

他说："没有什么比父母的健康更重要，我还年轻，以后的路还很长，可父母的时间不多了，能多陪他们一分钟，我会多得一分钟的幸福。"

一位长者，在他孤单的老父亲离开人世的那一天说道："没有家了。"这四个字让人掉泪。今天的社会，充满了竞争、充满了诱惑。每个人都有自己的理想、自己的选择。不管你从事什么职业，选择什么事业；不论你行跻天涯、身在何处，都不要忘记在家的父母。有他们在，你就有一个温暖的家。

令人震惊的不孝故事

四川有个孩子，才十三岁，有一天煮饭给父亲吃，父亲吃完就死了，过了没有多久，他母亲吃了他的饭也死了。在祭祀完父母后，他很不耐烦地把饭菜直接倒到水沟里，刚好被他婶婶看到这一幕，心里一惊：哎哟，这个孩子怎么对父母一点恭敬心都没有。后来当这个孩子问他的婶婶“我父母是不是买了保险”，他婶婶听了全身汗毛直竖，生起了警觉报了警。警方经过侦查发现，原来是这孩子为了拿到保险费而把父母全杀了。这一笔保险费多少钱？一万多块。拿了保险费去做什么？买一部手机。你看当一个人内心的私欲燃烧起来的时候，什么事干不出来？这真是“欲令智迷，利令智昏”，被欲望名利蒙住了双眼，做的事连畜生都不如。

有一个大学生，打电话给他的父亲，称自己生病要住院，需要一千两百块钱医药费。这个学生来自农村，家境贫寒，平常都是父母到整个村子向别人借钱交学费，才勉强供他去读书。这下一开口就要一千两百块，他的父亲只有出去借，因为借钱借到别人都怕了，绕了一大圈只借到三百块。没有办法，他的父亲只好回家跟他爷爷商量，把爷爷的一副棺材板卖了换钱，这才勉强凑够数。由于父亲不放心，亲自把钱送到学校。因为担忧儿子，也不知忙碌了多少天都没有睡好，到了儿子的寝室，一看到他的同学就问：“我儿子住在哪家医院？”结果他儿子的同学就说了：“你儿子根本没有生病，他是跟他女朋友去照艺术照。”父亲根本没想到会是这样，听完当场就气昏过去了，打击太大了。当父亲醒过来，见到儿子，非常难过地问：“你怎么可以做得出这样的事情？”结果他的儿子说：“我的同学都这样。”这样的儿子真是连禽兽都不如。

深圳一个六岁的女孩子，每个礼拜的零用钱是一百多块。有一天去买东西，她妈妈钱带少了，她要买的东西她妈妈付不出钱来，结果在大庭广众之下，她把妈妈打得鼻青脸肿。一个六岁的孩子，妈妈会打不赢她吗？妈妈为什么会让她打得鼻青脸肿？因为妈妈舍不得打她。舍不得呀！这是爱她吗？这个叫“爱之足以害之”。

我们常说孝子、孝子，什么叫“孝子”？你看汉字的结构讲得清清楚楚、明明白白：‘孝’是一个‘老’字加一个‘子’字，‘老’指跟着上一代，上一代的天性是时时要爱护他的孩子、教育他的孩子；‘子’是这个孩子能时时想到要回报父母的恩德，‘孝’代表了儿子和父母一体不可分。所以‘孝’是儿子背着老子，儿子孝顺父母叫“孝”。

记住：不管你走到哪里，在做什么，你的背后都有父母那企盼的眼神。

男儿有志走天涯，父母健在我有家。
常怀父母茵茵情，孝心催开遍地花。

十二、孝者志远知荣亲

小彤彤刚学说话的时候，他妈妈就开始教她讲英语，到三岁时，已经可以用英语流利地对话了。两岁时，父母给她买了钢琴，并请来老师教她弹琴。随后，上幼教班开发智力，学游泳、学画画、学舞蹈、学唱歌，等等，为了她的成长，父母真是不遗余力。你大概也有这样的经历吧？也许你会觉得，小彤彤的父母一定很有钱，家庭条件好得了不得。不是的，她的爸妈都是普通雇员，只靠工资生活，也没有其他的外援。只是他俩一心想让孩子成材，不想让她在幼小的时候就落在别的孩子后面，所以，自己省吃俭用，即使借钱交学费也要让孩子接受全方位的教育。我们的父母往往都是这样，培养孩子可以说不遗余力。做父母的心中永远不会失去的期盼，就是让自己的孩子长大成人，走向社会以后能立志、"有出息"、"有作为"。有的同学可能对父母的一片苦心并不理解，对父母强制性全能培养方法心存抵触，其实，等你长大以后就会慢慢地懂得和理解他们的心情。须知，大音乐家贝多芬小的时候学钢琴，也是他父亲用棍棒逼出来的。贝多芬因为不爱弹琴而逃课，常常被他父亲提着木棒打屁股，然后拽着耳朵摁到琴凳上。孩子的未来就是父母心中的希望，尽管早期教育的方法还在讨论，但是，早学习、早立志，却是我们青少年的箴规。

青少年是祖国的未来，是党和国家事业的希望。毛主席说："世界是你们的，也是我们的。但归根结底是你们的。你们青年人，朝气蓬勃，好像早晨八九点钟的太阳，希望寄托在你们的身上。"我们新中国的青少年，长大以后要为党和国家作贡献，要为共产主义而奋斗，实现全人类的最高理想——建成共产主义美好社会。那么，自己的具体人生道路应该怎么走呢？长大以后用什么样的本领为祖国和人民效力呢？这就是每个人在人生中都需要考虑的"立志"问题。

其实，对青少年来说，早立志，立大志，树立明确的人生理想和价值追求，确定人生的奋斗方向，是必不可少的。诸葛亮在《诫子书》中说，“夫志当存高远”，意即一个人的志向应当高尚、远大。“非学无以广才，非志无以成学”，是说不学习就不能增长才干，没有志向就难以使学习有所成就。志向是人生的精神支柱，是自我发展的目标和导向。

要立志，还要看立什么样的“志”。《笑林广记》中有一则笑话，讲到两个懒汉，坐在墙根晒太阳。甲问乙：“你要是有了钱想干什么？”乙说：“那我就天天吃好的，吃饱了睡，睡醒了再吃。”乙又问甲：“那你有钱干什么呢？”甲说：“我有钱就天天吃，一个劲地吃。”乙说：“那你就不睡觉了吗？”甲回答：“有那么多的好东西吃，我那还顾得上睡觉啊！”这就是懒汉的理想。有一个学生，中学毕业以后分配到社会福利院工作。社会福利院可不像幼儿园养老院，住在那里的人，小孩都是被遗弃、没有人认养的，有的还有智障或残疾；成人多是鳏寡孤独、贫病残疾。这些人完全靠国家收养照顾，极少有亲属前来过问。那位学生从十八岁进入福利院工作，就是为这样一些人员服务，工作的辛苦可想而知。可是她无怨无悔，乐此不疲。她自己今年也将近六十岁了，成了副院长。当我问到她的心情时，她说：“我一点也不后悔。我什么样的活都干过了，我觉得充实。许多孩子把我当成妈妈、奶奶，许多老人把我当成闺女，快退休了，我还真舍不得离开。把一生扔在这里，值。”这就是她对人生理想、志向的回答，这完全是她的真心话。有理想不等于好高骛远。有志向的人，总是从点滴做起，从最难做的工作做起，用自己的双脚，走出实现理想的路。有多少有成就的伟人、科学家、企业家，有多少英雄模范，都是用勤奋的努力，登上人生理想的顶峰。这就是“有出息”，这就是“有志气”。

志有大小。我们有“鸿鹄之志”：为祖国、为人民、为了共产主义而奋斗。这是我们终身为之奋斗的崇高目标。另一方面，我们长大了具体要做什么工作，要从事什么事业，在哪一方面发挥自己的专长，也要从小有个打算，这叫“近身之志”、“起步之阶”，也是需要认真考虑的，人们可以根据自己的爱好和专长来实事求是地选择。大志与小志是相联系的。胸无大志者成不了大事。同样，志大才疏、好高骛远、眼高手低的人，缺乏艰苦努力的决心，不管立什么样的“宏志伟愿”，最终也是浪荡一生、无所作为。

事情还有另一方面。有句话叫“志歪路不正”。如果将自己的志向放在歪门邪道上，也能做出“成绩”，但那个成绩越大，对社会和家庭的危害越大，那是我

们有志青少年所坚决不取的“歪志”。京剧《除三害》的故事，被收入了我们的课本。剧中的那个周处，身体魁梧，膀大腰圆，专门吃酒打架，恃强凌弱，成为当坊一害，人们都恨他而又怕他。一天来了一位老者对他说：“这里有三害，谁能除掉我有好酒相赠。”周处问道：“是哪三害呀？”老者说：“南山虎，北海龙。”周处听完哈哈大笑说：“这算什么，俺去除来。”周处打死南山虎，除掉北海龙，来见老者，问：“那一害在哪里？”老者指着他的鼻子说：“那一害已经除了，就是你。”周处回头一看，四周的人们敲锣打鼓给他送英雄匾来了。这是一个浪子回头金不换的故事。但是我们最好一开始就不去做那个浪子，从善处起步，可以少走许多弯路。如果立志失误，误入歧途，失足之后将造成终身的遗憾。

下面再听听孔老夫子是怎么说的：“父在，观其志；父没，观其行；三年无改于父之道，可谓孝矣。”意思是：“父亲健在的时候，要观察你的志向；父亲去世以后，要看你怎样去完成自己的志向；三年不改变父亲的期望，可以说是尽孝了。”大诗人白居易认为：“继父志，扬祖德，此诚孝子顺孙之道也。”意为：“继承父亲的遗志，弘扬祖先的美德，这就是孝子贤孙的为人之道啊。”《孝经·开宗明义》中讲：“立身行道，扬名于后世，以显父母，孝之终也。”是说：“立志并践行诺言，取得成功使父母荣光，这是行孝的最高追求。”

《礼记·祭义》中也说道：“君子生则敬养，死则敬享，思终身弗辱也。”意思说得很明白：“作为君子，父母在世时应当恭敬地赡养他们，父母去世了，应当恭敬地祭祀他们，还要考虑到不能让双亲的名誉受到损害。”《古代家训精华》中说：“扬名先亲。孝之至也，兄弟怡怡，家族欣欣，悌之至也。”说的是：“光耀门庭，使父母感到光荣，这是最大的孝；兄弟和睦，使族人为之欣喜，这是最大的悌。”

南北朝颜之推的《颜氏家训》序中说："夫圣贤之书，教人诚孝，慎言检迹，立身扬名，亦已备矣。"意思是说："古代圣贤的书，教导人要诚实孝敬，说话谨慎而行为庄重自持，还要立身扬名于世，已经说得很完备了。"

《礼记·祭仪》中记载了曾子的一段话："孝有三：大孝尊亲，其次弗辱，其下能养。"他认为："孝道有三种：使双亲受到尊重是最大的孝，其次是不使双亲的名誉受到损害，最基本的孝行是能赡养老人。"

以上这些话，除去其中"扬名耀祖"的狭隘内容，从"立志，奋斗，成功"的方面来吸取其积极的思想，对我们还是有激励的价值的。以事业的成功来回报父母的培养和期待，让父母因孩子对社会的贡献而欣慰和自豪，这也是中华孝道的文化真谛。

戚发轫——中国航天事业的开拓者

1933年4月26日，戚发轫出生于辽宁省大连市的瓦房店。1951年的秋天，他报了高中。但是，学校没有录取他。他所在中学的校长，拉着他的手去见高中校长，告诉他，这个孩子是个人才，你不要，将来一定会后悔的。高中校长被说服，留下他做跟读生。此后，戚发轫的学习成绩非常优秀。高中毕业，他赶上了好机会，被北京航空学院录取，走上了中国航天之路。从此，他立志为祖国的航天事业奉献自己毕生的精力。由于家庭出身不好，他在此后的工作中几次遇到麻烦，几乎要被调离航天工作岗位。可是，由于他怀着为祖国航天事业的无私奉献精神，极其刻苦地努力钻研，业务水平不断提高，最终还是被留了下来。后来，他成为我国为数不多的空间技术专家，是"神舟"飞船的总设计师，曾任中国空间技术研究院副院长、院长，同时担任过多个型号卫星和飞船的总设计师工作。他现在是中国空间技术研究院技术顾问，兼任北京航空航天大学宇航学院院长，博士生导师，国际空间研究委员会中国委员会副主席；国际宇航科学院院士；第九、十届全国政协委员。戚发轫把自己的一生全部奉献给了祖国的航天事业。今天，当"神舟"飞船载着宇航员一个一个地被送入太空，当我国的宇航员在太空成功出舱挥动五星红旗，全中国人民、全世界的华人欢欣鼓舞，激动欢笑的时候，他也止不住热泪纵横。

花甲之年执"神舟"帅印　飞船总设计师，一个外人眼中光环笼罩的职位。

可是有谁能够想到这项工作背后的艰辛！

当上级领导让他从东方红三号卫星总设计师的角色转换到飞船总设计师时，他竟有些难以割舍。因为自1968年开始，在一颗颗卫星的研制过程中，他和他的团队结下了深厚的情谊。不过，与以往历次接受新任务、转换新角色一样，想到祖国、想到事业，他还是执掌起了飞船设计的帅印。在临近花甲之年，戚发轫步入了人生又一个需要探索的新天地——研制飞船。

厚积薄发 多年功力一朝显现 1957年，走出北航校园的戚发轫来到了刚成立不久的国防部五院。在这里，他听到了钱学森院长亲自给他们主讲的《导弹概论》。

1966年，因承担“两弹结合”任务而进入酒泉发射场的戚发轫，在戈壁荒原上一连奋战了5个月。这年10月底，他们终于盼来了中国首枚导弹核武器发射的时刻。那天上午，伴随着一声巨响，离弦之箭准确命中目标，发射试验取得圆满成功。

1968年，戚发轫的工作正式从火箭研制转向卫星研制，并成为我国自行研制的第一颗卫星——东方红一号的技术负责人之一。此后，他当过多颗通信卫星的总设计师，直到担任飞船总设计师。

没有刻意追求，中国航天史上、更是共和国的历史上，许多的“第一”自然而然地融入到戚发轫的生命中：第一发导弹、第一枚运载火箭、第一颗卫星、第一艘试验飞船，都让他给赶上了。有人开玩笑，说这些“第一”写在他的生命中，与他的名字有关。“发轫”，字典里这样解释：“拿掉支住车轮的木头，使车前进，比喻新事业开始。”有着如此寓意的名字，融进了我们航天事业的每一次辉煌。

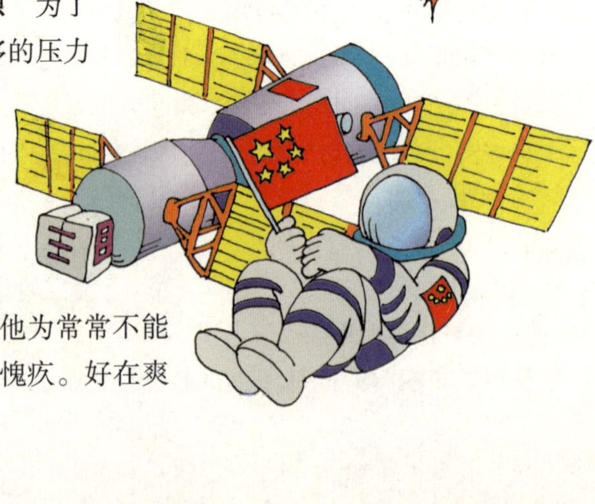

夫妻情深 共圆飞天梦想 为了造好飞船，戚发轫承受了更多的压力与情感上的煎熬。以前，是家庭的支持，让戚总开足马力驰骋在通往太空的大道上。经常晚下班，经常不回家。“做航天人不是件容易的事儿”，戚总常常这样说。他为常常不能在家陪伴妻子、儿女而深感愧疚。好在爽快、贤惠的妻子老姜，对一生埋头在航天事业里的丈夫已经“修炼”到了习惯加理解的境界。老姜的心愿就是戚总能有时间和她一起在家吃饭。她在参观了航天基地之后，曾经动情地对戚发轫说：“我一定全力支持你早日将中国的航天员送上太空。”自此，这个愿望就成了夫妻二人共同的心愿。

然而，美丽的心愿未了，老姜就病倒了。在戚发轫为第二次发射飞船进入发射场时，老姜的肺癌已到了晚期。进场之前，他是白天忙任务，夜晚上医院，哪头也不能耽误。就在第二艘“神舟”飞船发射成功后不久，相濡以沫的老伴终于被无情的病魔夺去了生命。失去了相随相伴的爱人，戚总悲痛欲绝。

这以后，他化悲痛为力量，对工作更加一丝不苟、精益求精。戚总是中华民族的好儿子。他为国家做出的无私奉献和巨大成就，为祖国和人民增了光，也为自己的父母亲人增了光。他不仅是祖国航天事业发展的功臣，也是家庭和谐的楷模。

没有上锁的门

乡下小村庄的偏僻小屋里住着一对母女。母亲因怕遭窃，总是一到晚上便在门把上连锁三道锁。而女儿却厌恶了像风景画般枯燥而一成不变的乡村生活，她向往都市，想去看看自己通过收音机所了解的那个华丽世界。某天清晨，女儿为了追求那虚幻的梦离开了母亲身边。她趁母亲睡觉时偷偷离家出走了。

“妈，你就当做没我这个女儿吧。”

可惜这世界并不如她想象的那样美丽动人，她在不知不觉中，走向堕落之途，深陷无法自拔的泥泞中，这时她才领悟到自己的过错。经过十年后，已经长大成人的女儿拖着受伤的心与狼狈的身躯，回到了故乡。

“妈！”她回到家时已是深夜，微弱的灯光透过门缝渗透出来。她轻轻敲了敲门，却突然有种不祥的预感。好奇怪，母亲之前从来不曾忘记把门锁上的。母亲瘦弱的身躯蜷曲在冰冷的地板上，以令人心疼的模样睡着了。

“妈……妈……”听到女儿的哭泣声，母亲睁开了眼睛，一语不发地搂住女儿疲惫的肩膀。在母亲怀里哭了很久之后，女儿突然好奇地问道：“妈，今天你怎么没有锁门，有人闯进来怎么办？”

母亲回答说：“不只是今天而已，我怕你晚上突然回来进不了家门，所以十年来门从没锁过。”

母亲十年如一日，等待着女儿回来，女儿房间里的摆设一如当年。这天晚上，母女回复到十年前的样子，紧紧锁上房门睡着了。

母亲的爱是最纯真、最无私的；母亲的怀抱是最温馨的摇篮。感谢母亲所给我们的家的温暖，那是我们做人的永恒动力。

当“神舟”七号发射成功、当翟志刚出舱进入太空、当五星红旗在太空中挥舞、当全世界华人欢呼沸腾，我们也忍不住心潮澎湃、热泪盈眶。是多少有志之士，拼着一生的精力，完成了中华民族多年的夙愿和理想。正是：

“神舟”七号游太空，中华大地热血腾。

为有壮志报祖国，国盛家兴看后生。

十三、重行孝者非愚钝

我们讲孝道，要从小知道孝敬父母。平时常听有些老人夸奖懂孝道的孩子时说：这孩子真孝顺。“孝顺”，是不是要我们不论什么事都要顺从父母，不能做任何反对的表示呢？当然不是。讲孝顺并不是要我们不明是非，唯命是从，凡听父母之言，必低头不语、双手捶肩、唯唯诺诺，即使父母是错的，也不做任何反驳。这不是孝敬，而是奴隶主义，甚至可能是心口不一、阳奉阴违。所以，讲孝道不等于愚昧无知、不分是非地一味盲从。对于父母所讲的话，甚至所做的事情，如果是错误的，应该提出自己的意见，或明确表示反对，并把反对的理由说出来，希望他们能够接受，这叫做“诤”。如果他们一时接受不了，可以慢慢地讲道理。既不要盲从，也不要伤和气。

父母也会犯错误吗？在我们年龄小的时候，可能还不太懂得是非，也不了解大人所做的事情，父母就是我们心中的偶像。等长大逐渐懂事以后，分辨是非的能力提高，父母说话做事是对是错，我们也能有个判断的标准。到了可以跟父母平等地讨论问题的时候，我们发表的意见所占的分量也会有所增加。父母到了老年，我们已是成年人，那时候很多事就由我们来决定了，对于有些老父老母的固执见解，偏执决定，一定要平心静气，充满耐心地慢慢劝解，切莫执拗，以免伤老人的心气。

大家现在多数都是独生子女，在家里的地位是非常高的，凡有要求，也是有求必应，我们尽可以无忧无虑地生活，对父母的事情，现在还轮不到我们操心。可是，随着年龄的增长，你也会产生“成长的烦恼”，开始考虑自己的路、自己的生活、自己的未来，对于家里的“小皇帝”、“小公主”生活，开始厌烦起来。对家里人的宠爱、惯养和无微不至的“关注”，可能会有了自己的思考。一旦走出家庭，面对社会，出现“十字路口的迷茫”，也许你会对自己孩童时期的生活，产生另类的反思。在宠爱中长大，其实不如在泥水中长大来得更瓷实。父母的溺爱和子女的愚忠愚孝，都不是孝文化要提倡的，最主要的是，我们要正常地成长，要形成自己的独立人格和明辨是非的思考能力。

有一次，曾子问他的老师孔子："若夫慈爱、恭敬、安亲、扬名，则闻命矣。敢问：子从父之令可谓孝乎？"曾子听孔子讲过各种孝道，就是没有讲到父亲有了过错该怎么办，所以又问道："像慈爱、恭敬、安亲、扬名这些孝道，已经聆听了您的教诲，但我还想冒昧地问，为子女的只要一味遵从父亲的命令，就能算孝子了吗？"

孔老先生很激动地回答："是何言与！是何言与！昔者，天子有争臣七人，虽无道不失其天下；诸侯有争臣五人，虽无道不失其国；大夫有争臣三人，虽无道不失其家；士有争友，则身不离于令名；父有争子，则身不陷于不义。故当不义，则子不可不争于父，臣不可不争于君。故当不义则争之。从父之令又焉得为孝乎？"

说的是："这是什么话呢！这是什么话呢！古时，君主有敢于直言相谏的贤臣七名，故天子虽有差错，也不会失去天下。诸侯有谏诤之臣五名，即便自己无道，也不会失掉他的领地。卿大夫有谏诤之臣三名，他虽然偶有失误，也不至于失掉家业。最小的官员有了诤友，他的行为自然会受到规劝，因而保持美好的名誉。为父亲的，若有知书达理、敢于直言力争的子女，自然也就不会陷于不义了。所以当发现了不应当的行为，为子女的，不可不向父亲婉言谏诤；为臣下的，不可不向君主直言谏告，所以臣子遇见君父做了不应当做的事情，必须立即谏诤。若有的子女，不管父亲的命令是否合理，一味听从，他怎么还能算个孝子呢？"

古人也主张：对于父亲的命令，不可一味盲从；对于上司的恶行，不可一味姑息；都应秉诚劝告。讲求孝道、尊敬长者并非要让我们一味地盲从，唯唯诺诺、阿谀奉承，做一个毫无主见的跟屁虫。

芦衣顺母

闵损，字子骞，春秋时期鲁国人，孔子的弟子，在孔门中以德行与颜渊并称。孔子曾赞扬他说："孝哉，闵子骞！"（《论语·先进》）。他生母早死，父亲娶了后妻，又生了两个儿子。继母经常虐待他，冬天，两个弟弟穿着用棉花做的冬衣，却给他穿用芦花做的"棉衣"。一天，父亲出门，闵损牵车时因寒冷打战，将绳子掉落地上，遭到父亲的斥责和鞭打，芦花随着打破的衣缝飞了出来，父亲方知闵损受到虐待。父亲返回家，要休逐后妻。闵损跪求父亲饶恕继母，说："留下母亲只是我一个人受冷，休了母亲三个孩子都要挨冻。"父亲十分感动，就依了他。继母听说，悔恨知错，从此对待他如亲子。

闵氏有贤郎，何曾怨后娘；
车前留母在，三子免风霜。

孤儿王永忠

王永忠是个孤儿，曾先后被三户人家收养，又先后被赶出。第一户从5岁到8岁共生活了3年，后来，养父母有了自己的儿子，便将王永忠送了人。他不肯走，结果被养父母打得浑身是伤，实在痛不过了，只好离开这户人家。第二户人家养了他5年，到13岁那年，还是被送了人，原因是他们收养了自己亲戚家的一个儿子，好过这个没有一点血缘关系的人。他还是不想走，哭喊着爸爸妈妈，最终还是没被留下来，又去了第三户人家。第三户人家只养了他一年，因为不愿拿钱供他上学，而将他赶出了家门。

才14岁的王永忠就成了街头的一名流浪儿。刚开始，他只能从垃圾桶里捡些剩饭吃，还结识了一些流浪儿，并跟着他们一起卖花、擦皮鞋，还四处捡破烂。过了6年流浪生活后，他从粤北山区流浪到广州，此后到一家建筑公司当泥水工，算是有了一份正当的工作。他下决心改变自己的命运，用那点可怜的收入报考了夜校。几年后，他获得成人自考文凭，并进入一家公司当起了推销员。

还有什么苦他没吃过呢？正是由于他能吃苦，他的业绩很快排在了所有推销员的前面，并当上了销售部经理。再后来，他开起了公司，当了老板，成功地拥有了一家资产达千万元的公司。有了钱，凡是应该有的他都有了，他买下了200多平方米的房子，把三对养父母都接来同住。他还管他们叫爸爸妈妈，给他们好吃好住，因为他唯一缺少的就是父母的亲情。

他的助理曾跟他一起流浪过，说他疯了，说他忘记了他们曾经抛弃他，虐待他的事，而王永忠说："我只知道，他们曾经给过我一口饭吃，给过我睡觉的地方，我才没有被饿死冻死，如果没有他们，我很难活到今天！"

他常说，自己是幸福的，别人只有一对父母，而他却有三对，每天下班回家都能叫一声爸爸妈妈，这是他人生中最大的幸福！

王永忠执著的孝行，并不是他愚，而是他一颗纯洁善良的心，对养育过他的人视同亲生父母真挚的爱。

白发人为老母献孝心

这是发生在南通市第一人民医院住院部里一个真实的故事。

病房里的一张病床上躺着九十二岁的胡老太太，患的是气管炎病。她的四个子女日夜尽心尽力轮流服侍。白天，子女走进病房都要亲亲热热地连声喊妈妈，到老太太面前满面笑容地安慰说："妈，你今天气色可好多了！"一会儿问"妈，你想吃什么？"一会儿问哪疼哪痛，帮老太太这儿拍拍，那儿揉揉。喂食时，只要老太太多吃一口，就满心欢喜，如同获得了莫大的奖赏。老人白天黑夜颠倒，白天昏沉沉地睡，夜里就是不睡。请了一个钟点工夜间来服侍，但子女不放心把亲娘交给外人侍候，夜间仍然轮流来病房照料。老太太不停地咳痰，自己没法吐，要别人用卫生纸帮她在嘴边一次一次地抹去，还要不时地给她喂水，滋润喉咙。子女丝毫不嫌烦。老太太大小便没规律，一不当心，就拉在床上。要帮老太太换裤子、换床垫，还要当心不让着凉，他们总是小心翼翼的。每次总帮老太太弄得干干净净，舒舒服服。到医院轮值夜班的子女肯定是一宿不合眼。拿他们的话说："到医院来服侍妈妈就是准备通宵不睡觉的。"倒是那钟点工不时发出鼾声。尽管辛苦，兄弟姐妹却很讲义气，都争着来"上夜班"。

在胡老太太病床前，浓浓的亲情令人感动，但更令人感动的是眼前呈现的一幅幅画面：服侍白发人的也全是白发人。老人的子女有的年过花甲，有的年届

古稀，都当爷爷奶奶了。在曹公祠小学退休的胡老师是老太太的女儿，终身未嫁人，一直和胡老太太生活在一起。她概括自己的一生："在职的时候，我一心扑在学生身上；退休以后，我就一心扑在我老娘身上。"她奉献给老母亲的爱真的是无法计量的。病房里的这一群老人总是充满爱心和信心地说："我们家已经四世同堂了，还要实现五世同堂呢！"

父母是我们的长辈，但也是我们的朋友。是长辈，所以要孝敬他们、尊重他们；是朋友，所以要交流思想、探讨问题。因此，能互相争论的父子俩，一定会让理想开出鲜艳的花朵。

父母之爱蕴我心，父母之养长我身。
父母之诤教我理，父母期我志成真。

十四、敬老倡行筑和谐

在2008年北京奥运会的开幕式上，展开的画卷用活字方法凸现出一个大大的“和”字，全场一片赞叹之声。这个“和”字宣示了我们构建和谐社会，提倡世界和谐的决心。天下和谐，社会和谐，我们聚精会神地搞建设，我们安安定定地成长，没有战争，没有破坏，让国家尽快成为文明发达的东方大国，这是多么美好的境界呀！社会要和谐，家庭也要和谐。我们都爱自己的家，都爱自己的亲人，希望我们的家庭和睦、团结，充满亲情气氛。那么，“父慈子孝”就是家庭和谐的“软件”。父母慈祥地爱护我们，我们尊重父母并用言行表达对他们的孝意，亲情的共鸣将会创造家庭亲切祥和的欢乐气氛。家庭和谐，可以使我们丢掉许多烦恼，心气平和、专心致志地投入到学习当中去，保持身心健康地茁壮成长。但是，哪一个家庭里没有大大小小的各种矛盾呢？如果家庭有了矛盾，作为家里的最小成员，我们应该怎么办呢？大概我们同学最怕的事情，就是父母吵架吧。要知道，能让父母放弃前嫌，重新和好的关键人物，就是你！还有很多生活琐事，搞得家里吵吵闹闹，不得安生，影响我们的学习或情绪。如果你怀有一颗爱心，并懂得孝敬父母，那么，相信你会用自己的真情化解矛盾，感化所有的人，让家里保持和谐安定。要知道，你的言行在家里可

是举足轻重的呀。

孝道也是社会主义荣辱观的重要内容。在学校，我们要讲文明、讲礼貌、讲团结、讲爱心、讲忠诚；在社会，我们要扶老携幼、济危扶困、助人为乐，等等，用社会主义新少年的实际行动，助推和谐的人际关系，让人人都做文明和谐的推手，让社会家庭充满人情味，让世界到处充满爱心。

下面说一个《兄弟争孝》的故事：

清朝时，长江口外的崇明岛上，有吴氏四兄弟，小时候因家境贫困，父母不得已把他们卖给富家为童仆，以求一条生路。他们长大后，个个勤奋节俭，赎出卖身契，回到家乡，合力盖起房舍并各自娶妻成家。这时，他们已理解当日父母之苦心，所以争相供养父母，以示不忘养育之恩。开始认定每家供养一月。后来，贤惠孝顺的妯娌们认为隔三个月才能轮到供养，时间太长了，故改为每家供养一日。以后又改为自老大起每人供养一餐，依次排下。每隔五天，全家四房老少合聚一起，共烹佳肴，奉养父母。席上子孙、儿媳争相端菜敬酒，百般孝顺，真是全家乐陶陶。二位老人安享天年，福寿近百岁无病而终。

卧冰求鲤

晋朝人王祥，字休徵。王祥早年丧母。他的后母朱氏很不仁慈，屡次在父亲面前说王祥的坏话，挑拨他们的父子关系，使王祥去了父亲的关爱。后母朱氏想吃鲜鱼，就命王祥去抓鱼。当时正值严冬，江河冻结，王祥便脱掉自己的衣服卧在冰上，使冰化开一个洞。这时候，只见从洞里跃出两条鲤鱼来，王祥就拿回家烹给母亲吃。从此家庭和睦。

继母人间有，王祥天下无。
至今河冰上，一片卧冰模。

苏有朋苦心撮合，离异父母破镜重圆

在电视剧“还珠格格”中扮演五阿哥的苏有朋，在人们的印象中是个阳光、健康、快乐的青春男孩，可有谁知道，他的童年是在父母争吵中郁闷度过的。父母无休止地争吵最终导致离异。因此，在演艺界的成功并没有使苏有朋快乐起来，每当去看望母亲，他总是很伤感。在与母亲聊天中，苏有朋发现，母亲很怀念过去全家在一起的幸福时光，常常提起苏有朋的父亲照顾她的各种细节。

后来，苏有朋去了父亲那边，父亲懊悔地对他说：“爸爸以前做事太冲动，太武断，伤了你妈妈的心……”离异后父亲一直没有再婚。从他们的谈话中得知，原来母亲在父亲的心目中是任何人取代不了的，父母之间彼此还惦记着

对方，苏有朋感到欣慰。

于是，他决心要撮合父母重归于好。可是，当苏有朋把自己的想法分别对父母讲出时，父母却都拒绝了。苏有朋并不灰心。有一次，他演出结束后，请父母一起吃大闸蟹，一面哭一面诉说父母离异给他带来的痛苦。他说，："我像没家的孩子，看到别人家团圆的样子我就心酸地想哭，你们的婚姻也影响了我的爱情，到现在我都不敢交女朋友……"儿子的话刺痛了做父母的心，两人都流下了泪水。

苏有朋又减少自己演出的次数，频繁出现在父母家，平时还找借口经常给双方寄礼物。夏天，他以父亲的名义给母亲买太阳帽、防晒霜；以母亲的名义给父亲寄去小瓶葡萄酒和降压药。父母心里非常感动，"想不到分开这么多年，自己还被对方惦记着。"他们心头的坚冰渐渐开始融化了。

苏有朋买了一套200平方米的房子交给父母去装修。他真诚地说："儿子希望你们早日住过来，在这里安度晚年。"父母一起商量装修风格，一起跑建材市场，一起监工……频繁地接触中，两人话越来越多。再后来，两人互相向对方检讨自己的过去，并向对方道歉。苏有朋的努力没有白费，他的孝心感动了父母，父母终于重新走到了一起。之后，他们生活得平静而幸福。

有78位父母的福利院长

记者约见孝感市孝南区社会福利院院长林承文时，遭到婉言谢绝。他说，他有78位父母需要照料，没有时间接受采访。百般请求后，他才勉强答应在午饭时间抽半个小时给记者。敲响房门后10多分钟，林承文才开门出来，连声对记者道歉。他说，他刚才正在和一名叫涂用信的老人谈心。涂老今年78岁，是一名参加过抗美援朝的老兵，脾气有些孤僻暴躁，一发作起来10头牛都拉不动。涂老才到福利院时，只有他一人劝得过来。因为当过兵的他有深切体会，经历过风风火火的岁月，一旦老了平静下来，便多少有些失落感。对此，他总是不厌其烦地找涂老聊天，终于解开了涂老的心结。但也因此，涂老又落下了另一个"毛病"，每天中饭后不和他聊天，心里就不踏实。为此，每天中饭过后，他总会到涂老的房间，与其聊半个多小时天。采访中，涂老特意对记者说："我们这个福利院里住的老人并不是孤寡老人，因为小林是我们大家的干儿子。"林承文说，对待

老人,要像对待自己的父母一样。“我们现在如此宽裕的生活,包含着老一辈人付出的心血。人人都会老,我们善待老人,也是给我们下一代树立榜样。”林承文敬老的故事,在社会上引起强烈反响,2006 年,他荣获“全国孝亲敬老之星”称号。

对老人不仅要物质上供养,而且要使他们精神愉快。父母的生育、教养之情,当铭记终生,这正是孝道的情感基石。情是家庭和谐的链条。

爱母知母心,敬父知父情。
孝牵父母手,家和万事兴。

十五、普世共传孝文化

中华文化源远流长，孝文化又是其中的重要内容。讲究孝道是中华民族的优良文化传统。随着传统文化思想的回归，孝文化又重新在中华大地绽放出灿烂的花朵。孝敬父母，不仅为老人们所提倡，也成为众多青少年后辈的追求。许多潜心行孝的青少年男女，成为我们孝敬父母、尊重长辈的样板。他们的优秀事迹也在社会广为流传。这是中华民族人伦文化生命力的象征。孝文化越来越深入人心，懂得孝敬父母的儿女也越来越多。大家知道，中华民族的优秀文化传统，早已超越国界，在世界上许多国家和地区广为传播，对各国人民的文化和生活产生了广泛的影响。中国孝文化，也深受世界多个国家和民族的推崇，并被他们融入自己民族的伦理道德规范之内。孝文化的普世价值已被越来越多的民族、国家和地区(包括西方)所接受和认同。

先说说自己国家的事。孝文化是中华民族世代弘扬的伦理文化。自改革开放以来，关于继承中华文化传统问题的议论颇多。孝悌算是中华伦理道德观念中的核心内容。几千年来，人们倡导孝悌礼让的意识渗透到中华民族传统理论和实践的各个方面，渗透到社会各阶层和家庭。孝文化已经在中华大地上超越历史变迁、朝代更迭和制度阻隔，始终为华人尊崇，是炎黄子孙世代秉承的民族精神。世界上凡有华人居住的地方，必有孝文化的流行。不论大陆、港澳或台湾，尽管社会制度、意识形态和经济发展状况有许多差别，但崇尚孝悌的道德观念则是相同的。这说明：中华民族的文化传统在不同历史时期、不同的社会条件下，存在着明显的共性，特别在以孝文化为核心的传统理念中反映出整个中华民族是血脉相连、观念相通的。

炎黄子孙均有共识：孝文化不仅体现了中华民族精神，还表现为我们民族十分深刻的和谐意识。孝文化的观念是主张父慈、子孝、兄友、弟恭，总是双向相互的和谐意识，而不是单向的顺从或压迫。孝道观念要从家庭向社会延伸，倡导年青一代对老人、长辈的关心、尊敬，培育和强化尊老爱幼的社会风气。这是我们今天提倡建立和谐社会的重要内容之一。专家认为："炎黄子孙一脉相承，应该共同弘扬孝文化，构建和谐社会"。在港澳台等地，中国青少年讲究文明、尊重老师、孝敬父母的意识很鲜明、很自觉，在当地外国人群中多有赞誉。

孝文化的影响也遍布我们的周边国家。在日本、韩国，青年人对父母的敬养，是很普遍、很自觉的现象。对于孝道，他们那里还有很讲究的"规矩"，如鞠躬、敬礼、跪拜、祭奠等等。青年人都按照老人留下的程序，规规矩矩地去做。现代青年虽然比较随意，但他们的规矩却始终没有大的变化。国内有不少青年"哈韩"、"哈日"，其实他们的祖先一直是"哈中"的，而且"哈"得很瓷实。

在美国的唐人街有宣传中华孝文化的牌坊和标识；在马来西亚有著名的孝恩孝义基金会。在古代，北宋大词人柳永的词影响很大，有人形容，凡是有水井的地方就有人在吟诵柳永的词；在当代，金庸的作品影响很大，有人形容，凡是有华人的地方就有人在读金庸的小说；今天我们可以毫不夸张地说，在全球各地，在世界的各个角落，凡是有华人的地方，就有人以不同的形式在弘扬着中国的孝文化，即使没有华人，也经常能看到孝文化的印记。在这样一个时代，中华孝文化既是形成我们中华民族子孙在全球的文化认同与形成共同思维方式的一股凝聚力量，也是我们可以让别人认识欣赏或别人应该进一步认识欣赏的价值观。它是自然而然在每个中华子孙血脉里表现出来的伦理优势。

孝文化原本就是作为构成民族精神面貌的一种价值观，国外许多人早就通过它来认识我们。如德国的社会学者韦伯，就在其企图解释华人世界的研究大著《儒教与道教》中把"孝"作为书中第六章的一个小题目。韦伯对"孝"使用了德文拼音 Hiao 作音译，也正可反映在许多西方学者心目中，对这个词汇的内涵和背后脉络的认识：它不是源自西方文化的任何词汇可以完整替代的。不论我们是否同意韦伯的观察以及后来学者讨论他引用的材料是否全面，也不管别人如何认识或诠释中华民族与"孝文化"，这毕竟都是中华民族接触世界过程中的必然性以及全球沟通的一种需要；我们在感激别人努力认识我们的同时，不只自己不能丧失中华民族本身对孝文化的话语权，而且也丢不起这个人际道德的最基本标志，也必须在别人认识中华民族的同时，让它在各领域表现出它是对全人类有益的中华品牌，以它的存在向其他人保证：与中华民族对话和合作是诚信可靠的。大家看,孝文化的影响有多大。

湖北省有个孝感市,现在正在创建国家“孝文化名城”。在这里召开了世界孝文化研讨会,全世界孝文化学者汇集于此,共同研讨博大精深、影响广泛的中华孝文化。会议的主持者认为:大国崛起,要靠经济、军事这些硬实力,同时也要靠与军事经济相匹配的经济文明和制度文明,以及国民的道德素质、民族的凝聚力这些“软实力”。可见,中华孝文化作为中华民族的精神软件,已经在国家现代化建设中发挥了重大的推进作用,它的影响力还将进一步向全世界扩散。

孝感市为什么要建设“孝文化名城”呢?那是因为这里曾经发生过一个惊天动地而又家喻户晓的神话传说,讲的是孝子董永卖身葬父的故事。

卖身葬父

东汉时期千乘(今山东高青县北)有一个有名的孝子,姓董名永,他家里非常贫困。后因避兵乱,逃到湖北槐荫。他的父亲去世后,董永无钱办丧事,只好以身作价向地主贷款,埋葬父亲。丧事办完后,董永便去地主家做工还钱。在半路上遇一美貌女子,拦住董永要董永娶她为妻。董永想起家贫如洗,还要欠地主的钱,就死活不答应。那女子左拦右阻,说她不爱钱财,只爱他人品好。董永无奈,只好带她去地主家帮忙。那女子心灵手巧,织布如飞。她昼夜不停地干活,仅用了一个月的时间,就织了三百尺的细绢,帮董永还清了地主的债务并赎身。在他们回家的路上,走到一棵槐树下时,那女子便辞别了董永。相传该女子是天上的七仙女。因为董永心地善良,七仙女被他的孝心

所感动，遂下凡帮助他。此后，槐荫改名为孝感。京剧有《柳荫记》，黄梅戏叫《天仙配》，都是演的这个故事。

葬父贷孔兄，仙姬陌上逢；
织线偿债主，孝感动苍穹。

洋女婿

卫大妈一直生活在农村。2004年女儿回老家办喜事，领来个洋女婿，他叫张博钧，来自美国科罗拉多州，能讲一口带洋味的中国话。这个金发碧眼的洋女婿进家后不仅学会了劈柴、干家务活、还能跟每个人聊天，而且都聊得十分投机。再后来洋女婿带着岳母到北京，住进了朝阳区高碑店白领家园。为了满足老人的要求，他又学会了蒸包子、做馒头。

卫大妈早年患有脑积水后遗症，左腿常常痉挛，医生说经常洗脚有助于缓解病痛。女儿工作忙，卫大妈岁数又大，且有腿疾，弯腰有时都很困难，于是洗脚的活儿就落在了女婿身上。两年来，不论春夏秋冬，洋女婿天天替岳母洗脚不止，夏天每天一次，冬天有时一天洗上两三次。博钧不仅仅把老人的脚泡在水中，还一边撩水一边做着按摩。

在美国只有毕业、结婚等重要的时刻，人们才会给家人洗脚。而卫大妈在农村没有洗脚的习惯，因此这件事开头是很困难的。卫大妈不同意女婿这么干，博钧不知道该怎么干，俩人都觉得很别扭。可是，只要有了第一次，以后就慢慢习惯了。博钧先是往水里放些浴盐，再试试水温，然后跪在地上，帮老人脱掉鞋袜，开始洗脚。邻居都知道这个孝顺的美国人。博钧的妻子说："结婚之前，我觉得他很热情、很可靠，完全没想到他会这么孝顺。如果有机会，我一定要给他的父母洗洗脚、做做饭，也作为对它的孝心的回报。"

真挚的爱融化了"渐冻"养父

事情发生在美国的芝加哥。有一位善良的男人，名叫施罗德。由于妻子不能生育，他从 1998 年开始，陆续收养了三个不同肤色的女孩，其中就有来自中国的黄皮肤的薇薇。

2006 年 6 月 23 日是黑皮肤的路易斯的生日，她是个来自墨西哥的孤儿。在生日晚餐上，施罗德切下一块生日蛋糕想递给路易斯，可是他的手却意外地不听使唤了，颤抖的手将蛋糕盖到了路易斯的脸上。他的心中被一阵不祥的阴影笼罩着，他的手已经不是第一次失控了。几天前，他开车的时候手居然握不住方向盘了，车子差一点撞倒了树上。

第二天他去了医院。经检查他得的是一种极为罕见的顽症——肌萎缩侧索硬化症。这种病被世界卫生组织列为五大绝症之一，与癌症、艾滋病相并列，其发展进程非常迅速，一般预期最多只能活两年左右。患这种病的人也被称为"渐冻人"。

不久，施罗德的双臂渐渐丧失了运动功能，下肢也被"冻住"，只能整天躺在床上。房东在他一连三个月没有交房租的情况下，直接找人将他家的家具、衣物全部扔出了房间。躺在床上无法行动的施罗德眼睁睁地看着发生的一切，却无力保护自己的家和孩子们。

那一晚，薇薇对伊娃(另一个白皮肤的英国孤儿)和鲁伊斯说："我想让爸爸有尊严地活着！要让爸爸住回像以前那样的公寓房！"可是她们都那么小，怎么才能赚到钱给爸爸付房租呢？11 月的一个周末，薇薇帮爸爸到附近的一个富人居住区送一本医疗器械说明书，在那里她遇到了一位正在遛狗的 60 多岁的老太太，她非常寂寞。薇薇陪她遛了狗，并帮她一直把狗牵回家中。老太太非常开心，告诉薇薇她叫露西亚，并给了薇薇一百美元。薇薇拒绝收钱。露西亚太太告诉她："你陪伴我，让我得到了快乐，这一百美元就是快乐的价值！"

薇薇高兴地接过钱，她没想到让人快乐也能赚到钱。第二天，她在露西亚所住的那个社区的局域网里张贴了一个广告："出租快乐！有 3 个非常可爱的十岁女孩，她们会逗猫、会遛狗、会唱歌，愿意在周末给孤独的您带来快乐。"还留下了电话号码。

她们很快就成了社区里的快乐天使，每周都有很多人让她们去陪伴。州电视台对施罗德全家做了现场采访，小姐妹的可爱形象立即通过电视传送到了千家万户。

节目播出后，芝加哥市一个名叫鲁道夫的富有建筑商深受感动，慷慨地邀请施罗德全家住到他位于芝加哥市郊的一幢别墅里。没想到，3 个女孩原本只想赚到租一套公寓的钱，善心的回报却让她们住进了别墅。

善良的爱产生了人性的共鸣。3 个女儿温暖的爱，仿佛在施罗德身上注入了一股神奇的力量。从那天开始，他那被"冻"的身体渐渐"融化"了。两个月后，他可以用食指点按电视遥控器上的按钮，选择自己喜欢的节目频道了。他的病奇迹般地停止了恶化，医学无法融化的"渐冻人"，却被真挚的爱融化了。

一朵玫瑰花

有位绅士在花店门口停了车，他打算向花店订一束花，请他们送去给远在故乡的母亲。绅士正要走进店门时，发现有个小女孩坐在路上哭。绅士走到小女孩面前问她说："孩子，为什么坐在这里哭？""我想买一朵玫瑰花送给妈妈，可是我的钱不够。"孩子说。绅士听了感到心疼。"这样啊……"于是绅士牵着小女孩的手走进花店，先订了要送给母亲的花束，然后给小女孩买了一朵玫瑰花。走出花店时绅士向小女孩提议，要开车送她回家。"真的要送我回家吗？""当然啊！""那你送我去妈妈那里好了。可是叔叔，我妈妈住的地方，离这里很远。"

"早知道就不载你了。"绅士开玩笑地说。

绅士照小女孩说的一直开了过去，没想到走出市区大马路之后，随着蜿蜒山路前行，竟然来到了墓园。小女孩把花放在一座新坟旁边。她为了给一个月前刚过世的母亲献上一朵玫瑰花，而走了一大段远路。

绅士的心被震动了！他将小女孩送回家中，然后再度折返花店。他取消了要寄给母亲的花束，而改买了一大束鲜花，直奔离这里有五小时车程的母亲家中，他要亲自将花献给妈妈。

为逝者举行盛大丧礼，不如在他在世时，善尽孝心。

孝为爱心古今同，
人类繁衍传亲情。
中华文化底蕴重，
传遍全球和谐风。

践行孝文化

一、践行孝道，展示莘莘学子之心

——谈谈什么是孝道

孝亲敬老是中华民族的传统美德，是中华文化的瑰宝，是人伦道德的基石。在构建社会主义和谐社会、全面建设小康社会的今天，把孝道的优良传统和时代特点相结合，大力弘扬和践行孝道，不仅是对中国传统文化的继承和发扬光大，也是落实胡锦涛总书记提出的以八荣八耻为主要内容的社会主义荣辱观、构建社会主义和谐社会的重要举措。要在青少年中开展孝道教育，弄清什么是孝道，为什么要弘扬和践行孝道，怎样弘扬和践行孝道等理论和实际问题就是十分必要的。

（一）为什么要弘扬和践行孝道

弘扬和践行孝道无论在过去、现在还是未来，都具有重要的社会价值和作用。

1. 弘扬和践行孝道有利于加强未成年人的思想道德建设，培养他们良好的品行。孝道具有极强的道德教育和精神激励作用。当今中国正处于社会转型的关键时期，时代需要我们发展社会主义先进文化，尽快构建适应社会主义的核心价值体系。在思想道德建设中，党中央强调要继承和发扬中华民族优良的道德传统。孝道的精华内容是中国特色社会主义先进文化不可缺少的组成部分，弘扬孝道精华，发挥孝道的教育、激励作用，对于加强未成年人的思想道德建设，培养他们良好的品格，必定能产生积极良好的现实作用；对于促进以德治国，促进社会主义精神文明建设，促进社会风气进一步好转，激发人们爱岗敬业、爱家爱国，也会产生积极良好的社会效应。

2. 弘扬和践行孝道有利于促进家庭和社会的和谐和稳定。父母与子女是家庭的基本关系，孝道倡导上慈下孝是家庭最基本的伦理道德规范，要求子女必须养老敬老，这就为处理好家庭中父母与子女之间的关系奠定了思想基础和行为规范。从而，既能保证子女在父母的关爱下健康成长，又能使父母在子女的赡养下安度晚年，维护着家庭关系的和谐和稳定。“家和万事兴，家齐国安宁。”家庭作为构成社会的细胞，家庭的和谐事关整个社会的和谐，是构建和谐社会的重要基础和必要条件。党的十六届四中全会提出构建社会主义和谐社会的重大战略任务，在构建社会主义和谐社会的今天，大力弘扬和践行孝道文化，营造和谐的家庭氛围，是用家庭的“小和谐”汇聚社会的“大和谐”，对构建社会主义和谐社会的意义和作用是不言而喻的。

3. 弘扬和践行孝道有利于促进形成团结和谐的人际关系。孝道倡导“老吾老，以及人之老；幼吾幼，以及人之幼”的道德理念，把尊老爱幼从家庭范畴推广到社会，要求人与人之间团结友爱，与人为善，这就为处理人与人之间的人际关系奠定了伦理道德基础和行为规范，从而必然有助于形成“人人为我，我为人人”的社会风气，促进形成团结和谐的人际关系，因而也就必然有利于构建和谐相处、真诚相待、互相帮助的和谐社会。构建社会主义和谐社会离不开人际关系的和谐，因此，近几年来，在全国各地通过开展“敬老爱老助老孝心工程”活动，大力宣传孝道，弘扬和践行孝道不失为构建社会主义和谐社会的重要举措。

4. 弘扬和践行孝道有利于促进中华民族团结，增强民族凝聚力。孝的观念在中国不仅起源早，而且也是最先进入家庭伦理道德规范之列的，有着深厚而广泛的历史文化积淀。特别是这种由“亲亲”而敬祖，由敬祖而念宗的孝道，经过长期的传播和演化发展，不仅孕育了中华民族共同的文化心理，也成为维系中华民族大团结和增强民族凝聚力的纽带。正是由于这种追宗溯祖、念祖寻根的强烈愿望，才把中华民族紧紧地团结在一起，发挥着巨大的凝聚作用，历经磨难而不散，才把全球华人紧紧团结在祖国母亲的周围。海外华人聚集地，大都设有祠堂、庙宇，逢年过节，不忘祭祖拜佛，以祭祀来引发心中的民族自尊，唤起人间亲情和永恒关爱。特别是改革开放以来，不少侨居海外的华裔游子回到祖国大陆寻根祭祖、积极参与和支持社会主义现代化建设事业，这都充分证明了这一点。常言道："天下华人皆同胞，血缘亲情深似海。"这种孝道的潜在作用是巨大的，也是深远的。

5. 弘扬和践行孝道有利于培养以爱国主义为核心的民族精神。民族精神是一个民族赖以生存和发展的精神支柱。在5000多年的文明史上，中华民族从混沌、朦胧到识事、明智，从仁人圣贤到普通百姓，逐步形成了以爱国主义为核心的团结统一、爱好和平、勤劳勇敢、自强不息的伟大民族精神。在这个过程中，是由对父母、家庭的爱而上升为对国家、对民族的爱，是蕴含于传统文化中的孝道衍生和培养了中华民族意识和民族情感。所以，中华民族自古以来就有着强烈的爱国主义传统。如杜甫"位卑未敢忘忧国"的豪情，范仲淹"先天下之忧而忧，后天下之乐而乐"的壮志，顾炎武"天下兴亡，匹夫有责"的抱负，林则徐"苟利国家生死以，岂因祸福趋避之"的气节，孙中山先生"驱除鞑虏，恢复中华"的宏愿，鲁迅先生"不在沉默中爆发，就会在沉默中灭亡"的呐喊，都是以爱国主义为核心的民族精神的写照。我国历来倡导的民族精神的伦理道德基础，也在这个深广无际的"孝"字上！

6. 弘扬和践行孝道有利于社会主义和谐文化的建设。和谐文化是以和谐为思想内涵和价值取向的文化形态，体现在思想观念、价值体系、行为规范、社会风尚、文化产品、制度体制等形式上。社会主义和谐文化是与社会主义和谐社会相适应的思想文化体系，包括人自身和谐、人际关系和谐、人与社会关系和谐、人与自然关系和谐等方面。建设和谐文化就是要在全社会倡导和谐思想观念，使崇尚和谐、维护和谐成为全社会的共同追求，推动形成诚信友爱、融洽和睦的人际关系，大力弘扬以爱国主义为核心的民族精神，促进社会的和谐发展。作为中华民族最重要道德规范的孝，既倡导家庭和谐、人际关系和谐和社会和谐，也倡导以爱国主义为核心的民族精神。因此，在建设社会主义和谐文化的今天，弘扬和提倡孝道，既是建设社会主义和谐文化不可缺少的内容，也是构建社会主义和谐社会的需要。

（二）如何弘扬和践行孝道

未成年人是民族的希望，祖国的未来。不断加强和改进未成年人孝道教育，引导和帮助他们健康成长，培养造就中国特色社会主义事业的合格建设者和可靠接班人，是一项关系党和国家事业发展全局的重大战略任务。在新的形势下，未成年人孝道教育面临许多新情况、新问题，迫切需要进行改进创新，积极探索行之有效的方式、方法。

1. 首先要根据未成年人的认识发展水平，实施孝敬父母的道德教育，培养其形成良好的道德习惯。对未成年人进行孝敬父母的教育，不但有利于家庭和谐幸福，也有利于社会和谐和国家稳定。试想，一个连自己的生身父母都不孝敬的人，长大后又怎么可能去爱祖国呢？对未成年人进行孝道的道德教育，不仅要给他们讲清孝敬父母是怎么一回事，更应通过规范未成年人践行孝道的行为要求引导他们学会孝顺，即：

(1)听从父母的正确教导与意见，不顶嘴、不发脾气、不惹父母生气；

(2)对父母讲话态度恭敬，语气亲切；

(3)上学时与父母说再见，放学时告诉父母回来了；

(4)平时出入家门要和父母打招呼，告诉去向、时间、免得父母挂念；

(5)吃饭要等父母一起吃，好吃的要让长辈先吃，中、高年级学生要为长辈盛饭；

(6)父母下班要让他们休息好，并端上一杯茶；

(7)记住父母的生日，到时候应向父母祝贺，并做一件让他们高兴的事；

(8)父母不舒服，要主动问候，并为他们端水、送饭；

(9)不向父母提出过高或不切实际的要求；

(10)自己能做的事自己做，并尽力做些力所能及的家务活，等等。

下面的十句口头禅是不应该对父母说的，即：(1)好了，好了，知道了。真啰唆！(2)有事吗？没事？那挂了啊。(3)说了你也不懂，别问了。(4)跟你说了多少次了，不要你做，做又做不好。(5)你们那一套，早就过时了。(6)叫你别收拾我的房间，你看，东西又找不到了！(7)要吃什么我自己来，别夹了！(8)说了别吃这些剩菜，怎么老不听啊？(9)我自己有分寸，不要老说了，烦不烦啊？(10)这些东西说了不要了，堆在这里做什么啊！

未成年人对父母的“啰唆”常常是不屑一顾或厌烦不已。其实，对未成年人来说，那是一种关爱，一种幸福。以上几句口头禅，如果常对父母说过，而且出现频率过高，那就应该注意，不仅说不得，而且需要好好检讨了。

2. 加强未成年人的知恩、感恩、报恩的道德教育，教他们学会感恩。对他人的帮助怀有感恩之情不仅仅是一种情感，一种赤子之心，更是一种责任感，一种对自己与他人，特别是与父母关系的正确认识，是一种健全人格的体现，更是一种人生境界和价值取向。我国的古训中有“滴水之恩，当涌泉相报”这样的格言，在国外也有“感恩节”一举，可见感恩是一种人类共通的情感。

日前，上海市教育部门提出的第3版《中小学生守则》，“学会感恩”首次出现在《中学生守则》中，切中实际，是及时而有必要的。

要让未成年人学会感恩，既要给他们讲清什么是感恩，更需要给他们讲清为什么要感恩的道理，要使他们知恩。知恩图报是做人的起码道德。不知恩图报，或者恩将仇报，以怨报德，那就是小人，甚至禽兽不如。由此而有人禽之辨，有君子、小人之辨。对于大多数未成人的学生来讲，虽然谈不上从物质上赡养父母，但却可以从精神上行动上去感恩和报答父母。如，在家里干点力所能及的活，为身体不舒服的父母捶捶背、洗洗脚，照顾生病的父母按时吃药，父母过生日时能送上生日礼物和祝贺父母生日快乐的话语，父母寂寞时能与父母聊聊天，说说心里话等等，这都是对父母的报答，特别是作为学生的未成年人能够好好学习，将来能自立，能对社会有很大的贡献，那是对父母最好的报答。对传统的儒家孝道来讲，不仅父母有养育之恩，师友、乡里、社会、国家以至天地都有恩于自己，也应该“知恩图报”。

3. 以孝道为切入点，加强对未成人的思想道德教育，让他们从小就懂得孝敬父母的道理，做个有道德良心的人。目前，我国在社会和新闻媒体上开展敬老教育有很大进步，但在学校和幼儿园对青少年和幼儿的敬老爱老教育与韩国、新加坡等国相比，却显得很薄弱。特别是在中小学和幼儿课堂教育中，有关敬老孝亲的内容很少，甚至没有。

为了切实加强对未成年人的孝道教育，教育部门应该把孝亲敬老主题教育纳入中小学思想道德课程。将古今中外孝亲敬老的经典故事，用青少年喜闻乐见、生动活泼的形式来加强他们的思想道德教育，让孩子们记住一个个鲜活的感人至深的动人故事。这样，不仅增加孩子们学习孝道的兴趣，懂得孝亲敬老的道理，而且对克服独生子女的一些弱点，促使他们健康成长也大有好处，甚至可以影响他们的一生。二是应将是否孝亲敬老作为评价学生道德品质的一项重要内容，促使他们能成为孝道的承载者、传播者。

4. 积极组织引导未成年人广泛参与弘扬和践行孝亲敬老的教育活动。有位教育学家说,“没有活动不成教育”。尊老敬老道德品质的养成过程,是一个知、情、意、行的逐步形成和内化的过程,尊老敬老主要通过实践活动来实现。如海门市把母亲节、父亲节、重阳节和学生父母生日定为“孝敬日”,要求孩子们做一些力所能及的家务和社会公益劳动,以各种方式向养育和培养自己的长辈、父母表达孝敬之心和感恩之情的做法,是值得借鉴和推广的。共青团、妇联组织要热情鼓励和引导青少年,积极参与敬老、爱老、助老的社会实践活动,从自身做起、从小事做起,孝敬父母、长辈,关爱社会老人。在这方面,辽宁省各级团委的做法是值得借鉴的。如辽宁省各级团委组织未成年人参与社区尊老敬老实践活动,到就近的敬老院、养老院、福利院进行“关爱老前辈,青年学子献爱心”活动,与那里的老人们联欢,陪老人聊天、与老人们一起度过一个传统节日,共进一次晚餐,为老人们提供医疗咨询、体检、理发、卫生清扫,并从老年人的实际需要出发,深入了解老年人的心理需求和真实现状,在最大程度上帮助老年人解决各种困难和问题。通过广泛开展“关爱老前辈,青年学子献爱心”的实践活动,不仅让老年人们感受到了爱心和温暖,同时也使学生了解社会、服务社会、增强尊老敬老意识和社会责任感,并且也潜移默化地体验了中华民族敬老尊老的传统美德,加深了对传统文化的理解,提高了思想素养,这正是加深孝文化教育的意义所在。

爱是一种支撑,爱能够撑起一个希望。父母的慈爱是无私的,它因为无私的奉献而伟大。子女的孝心是必需的,它因为真挚而可贵。还记得汶川地震中用身体护住女儿的那位母亲吗?在母亲的心中,儿女比自己的生命更重要!而父母对子女的要求并不高。如果在他们下班以后回到家,你能捧上一杯热茶;在他们的病榻前喂上一盏药浆,他们的眼里就会闪着泪花,脸上露出欣喜的微笑。

爱心亲情长如链,父慈子孝代相传。
生命之花多美好,真情浇灌暖人间。

二、中华美德孝文化

——谈谈怎样行孝道

中华文化源远流长，博大精深，具有鲜明的民族特色，在世界东方独树一帜。数千年来，中华民族历经磨难而绵延不绝，一个重要原因就在于我们中华儿女有着深厚的文化传统和强烈的文化认同。著名哲学家罗素赞叹道："自孔子以来，埃及、巴比伦、波斯、马其顿，包括罗马帝国，都消亡了；但是中国却以持续的进化生存下来了。"其实，中华民族传统文化有自己的根，这个根就是孝道文化。两千多年来，在中国社会长期居于主流文化地位的儒家文化，始终把握了以"仁"为核心，以"孝"为根本的伦理本位的思想主旨。《孝经·开宗明义》中说："夫孝，德之本也，教之所由生也。"在孔子看来，孝敬父母，是一个人品德修养的根本，因而在对人的教化过程中，必须首先抓紧抓住。在漫长的传统社会里，为什么儒家特别倡导"修身为本"的思想，并把人生在世能够通过身心修养而成为一名品德高尚的君子，作为自己的人格理想和价值追求；为什么历代有识之士，都十分关注对子女的做人之道的教育，从而提出"德教为先"的理念呢？因为，他们尊崇"孝为诸德之本"，"百善孝为先"理念，并将这一理念贯穿在孝亲敬老的教育之中。其实，孝道作为一种文化，一种传统，就在人们的身边。孝作为一种文化，它不仅表现在社会风俗和习惯上，还以一种独特的形式存在于每一个家庭、每一个具体的人身上。人是文化人，人身上充满文化信息。子女对父母的一个关切的眼神，流露出的就是孝的信息。孝作为一种传统，意味着：它产生于遥远的过去，那些体现人间真情的思想、品德和习俗，依然一代一代地向后来者传递着、继承着，仍然活在当代人的心灵深处，体现在现代人的言行之中。用通俗的话说，孝就是一种对父母辛辛苦苦养育自己的记忆，是这种记忆产生的感恩、报恩的情感。

（一）从青少年健康成长的学校和家庭环境谈起

人是社会的人，人总是要生活在一定的社会环境之中，并受到社会和他人的影响，青少年也不例外。青少年又称之为未成年人。但是随着时光一年一年地过去，未成年人总是要长大成人。在青少年按照德育、智育、体育、美育健康成长的过程中，每个人自强进取的主观努力，是非常重要的；但也需要良好的、健康的客观环境条件，这是不言而喻的。2007 年 10 月 15 日，胡锦涛总书记在十七大报告中说得好："动员社会各方面共同做好青少年思想道德教育工作，为青少年健康成长创造良好的社会环境。"

由于现代社会改革开放，传媒作用非常发达，信息量剧增；与传统社会相比，青少年与社会的融合期提前，受社会的影响也越来越大。但是，比较而言，还是学校和家庭对未成年人的影响和潜移默化更直接一些，强度也更大一些。毕竟，青少年的身份是中学或小学的学生，学生的任务就是学习和接受知识。白天的大部分时间都是在学校中度过。事实表明，有些孩子在家里敢和家长顶嘴，但是在学校里却很听老师的话。目前，我国现行的教育体制是应试教育。通俗地说，就是通过层层考试来选拔人才。在同学之间流传着一种形象的说法，就是"分(数)、分(数)，小命根"。其实，分数不仅是同学的"命根子"，也是学校领导、教师和学生家长共同关注的问题。哪一个学校的校长，不希望自己学校培养出来的学生能够考上重点高中、名牌大学？哪一位任课教师不期望自己所教的班级多出几名"尖子学生"，班上同学的考试成绩不断提高和进步？作为教育工作者，想把自己的本职工作做好，并没有什么过错。问题在于：有的教师没有站到全局的高度来看待智育及其与其他各育之间的辩证关系，因而在具体实施教学过程中，不适当地增加了学生们的负担：作业量有增无减，考试频繁，节假日休息时间学生还要报名参加各种补习班、培训班。在教师的"努力工作"和家长的"积极配合"下，学生只好无奈地挤出自己的自由活动时间和休息时间，用来完成作业和复习书本知识。久而久之，青少年的身体素质由于体育活动的减少而受到负面影响。从青少年的思想品德教育来说，也由于对智育的过度重视而相应地受到削弱。此外，对于一部分由于各种原因而平时作业成绩和考试成绩一直很不理想的同学来说，低分给他们带来的心理压力和精神负担是沉重的。在教师、同学和家长都十分看重分数的情况下，每得一个低分都会使他(她)感到在老师和同学面前不好意思，回到家里也不好向家长交代。这种自愧的心理和压抑的心态，对于未成年人良好性格的形成和健全人格的发展显然是不利的。在这里，我想引用前苏联教育实践家、理论家苏霍姆林斯基的讲话。他当过 11 年的小学教师和 22 年的中学校长，一生潜心于教育科学的研究，写出过 40 多本教育方面的书和 600 多篇论文，蜚声国内外。他说："在许多学校里，形成一种片面的看法：一个人得了好分数，他就是好人，得了差分数，他就一无是处。于是，不断得到差分数的学生，就会感到这是一种不幸。有些孩子小小年纪，就因为分数不佳而在生活中扮演着'失败者'的角色。每得一个'2 分'，都是对他的无情打击，都深深地伤害着他的自信心和尊严。"看到过分地注重分数给中小学生全面发展带来的弊端，苏氏指出："作为全面发展的有机组成部分，德育、智育、体育、美育总是相互联系、相互依存、相互渗透的，而不应是'单独地'、'孤立地'进行着的。学校是以进行智育为其主要任务，但是智育并不只是单纯地传授知识，智育包括：获得知识并形成科学世界观，发展认识能力和创造能力……"。他还说："德育在人的全面发展教育中起着主导作用，学校里所做的一切都应包含着深刻的道德意义。"苏氏的这些教育思想是不是很值得我国的教育工作者和家长认真地思考和对待呢？说到当代未成年人成长的家庭环境状况，总的说可以用"喜忧参半"来评价。有不少家庭，从内部成员间相互关系和家庭氛围看，属于民主型、和谐型家庭。做父母的，不仅能在思想上、生活上关爱和照料自己的儿女，而且还懂得从做人之道上教育和引导他们健康成长。父母与子女之间有沟通、有交流，家庭内部存在着一种相互依恋、相互关爱的暖融融的亲情。在这种家庭中成长起来的孩子，一般说来都是知书达理、进取向上、孝亲敬老、品学兼优之人。但是，在当代中国，社会发展正处在转型期，经济、文化、教育等方面的发展并不平衡。这对于作为社会细胞的家庭来说，必然要产生制约和影响。由于各种原因，还存在着这样或那样的不利于青少年健康成长的家庭环境。首先，从家庭结构和规模上看，传统上以三代、四代同堂的大型家庭，已经或正在演变为以两代人为主体、以独生子女为特征的小型家庭；其次，在现代社会，生活节奏加快，作为家中"顶梁柱"的父母要面对激烈的竞争，很多中年人为了生存和发展，名利和是非，终日疲于奔波，关心和教育自己的子女，心有余而力不足；再次，作为一家之长，由于人与人之间在受教育程度、职业和工作岗位、经济收入和价值观念等等均存在着很大的差异，因而在教育子女的理念、态度和方法上，也有显著的不同。从当前我国家庭教育存在的共性问题看，全国妇联原主席顾秀莲在

2007年8月27日召开的《全国家庭教育工作会议》上，有一段讲话，她说："近年来，我国家庭结构日趋小型化，包括独生子女家庭在内的核心家庭，成为家庭结构模式的主流……由于父母对子女未来的期望值过高，因而对子女过分溺爱，过度保护，过高要求和过分压力。目前，我国家庭教育中重智轻德、重知轻能、重养轻教的倾向，还没有得到根本改善。"说到这里，有的同学可能会想，上面讲到的社会环境，特别是学校环境和家庭环境状况，当然和我们的身体、智慧以及思想品德方面的成长和发展关系密切。面对学校、家庭和社会环境，我们青少年应当怎样想、怎样做呢？这个问题提得好，好在提问题的同学把自己也置于社会大环境中去，这是一种希望自己有所作为的主动精神和积极心态。下面，让我们围绕青少年健康成长这条主线，共同讨论关于思想道德品质的培养为什么要讲孝道的问题。

（二）青少年健康成长需要讲孝道

1．做人为先，修德为本，爱心为贵

青少年是未成年人，随着岁月的流逝，冬去春来，青少年总是要一年一年地成长壮大，走向社会，立足人间。在青少年不断成长的过程中，需要面对的两项重要任务是：一是学做人，二是学做事。学做事指的是运用在校时所学的各种知识来分析问题、解决问题的能力。学做人意指人的道德品格的自我修养，以及在道德行为上所持的做人应世的态度和准则。这使我们回想起建国以后我们党在选拔和使用干部中的"德才兼备"方针。其中的"德"指的是干部的世界观、人生观、价值观和思想品德素质；"才"则是指从事各项研究和执行各种任务过程中，一个人的远见卓识、创新思维和解决实际问题的能力。在现代社会，人的真才实学所拥有的分量越来越重；但是，德和才总是有机地统一在一个人的身上，不管是为社会建功立业，还是人生过程中的成功和幸福，人的品德永远居于导向、指挥、驾驭"才"的统帅地位。对于一个居心不正、损人利己的人来说，等待他的只能是人生负价值。"聪明反被聪明误"的现象，在历史上、现实中并不少见。从人的品德要素组成看，有宏观层面上的忠于祖国、热爱人民、具有忧国忧民的历史使命感和社会责任心，微观层面上的自立自强、自尊自信、勇敢坚定、不屈不挠等内在心理素质，以及待人接物方面的诚信、正直、宽容、谦让、严于律己、乐于助人等优良品质。而在这些优良品质诸要素中，居于核心位置的是爱心。从个体道德的内在结构看，爱心的重要性在于它是道德认知过程、道德感情过程和道德意志过程的物质基础。在儒家思想体系中，这种爱心首先源于“亲亲之爱”，即存在于有血缘关系的近亲成员间的亲情之爱。然后将心比心，设身处地地替别人着想，推己及人，提升到“老吾老，以及人之老；幼吾幼，以及人之幼”的推爱、泛爱、博爱的层面。有了这颗“仁者爱人”之心，意味着把关爱家中的亲人和爱他人、爱集体、爱国家、爱人民融合到一起。前面说过，亲亲之爱，是孝的实质，也是孝的源头。用通俗的话说，孝是做儿女的对父母的养育之恩和教化之德的一种真情回报。在这个定义里，实际上包括父母对子女和子女对父母两个方面，确切地说，就是父慈子孝。父慈子孝加上兄友弟恭，就是儒家孝道的完整表达。这种父母与儿女之间的亲情之爱，也在北京奥运会一些金牌得主的奥运明星身上，得到生动感人的展现。国际奥委会主席罗格说：“北京奥运会是一届真正无与伦比的奥运会。”我们不会忘记，“同一世界，同一个梦想”的奥林匹克理念和“团结、友谊、和平”的奥林匹克精神；我们不会忘记16天奥运赛事的精彩纷呈和各国奥运健儿的精湛演示；同样令人感动的，还有奥运明星们在获得金牌的第一时间里，自然流露出来的对父母、对家人的感激之情。从这里，我们似乎看到通向成功的一条脉络，这就是：做人为先，修德为本，爱心为贵。如果说，这是人生道路上的一句哲理名言，那么，它对青少年健康成长是否也有所启迪呢？

2．爱心在家园里成长

爱心在哪里？爱心在一个孩子身上是怎样形成的？原来，爱心成长在家庭的田野上。每个人来到这个世界上，家是人生的第一课堂，父母是人生的第一任老师。人生过程中，有很多事物可以由自己选择，但是出生在什么家庭，不可选择；谁是生我养我的父母，不可选择。家是生命的摇篮，人生的归宿，是舒适、宁静、温馨、幸福的港湾。对于一个儿童来说，家是自己心灵上的感情大厦，父母是自己最值得信赖的保护神。在家中，父母的音容笑貌，父母的思想感情，父母的爱好习惯和性格，都深深地印在孩子的内心世界和潜意识之中。有人说：“在孩子身上，常常可以发现父母的‘影子’。”随着年龄一年一年地增长，从童年成长为少年、青年，孩子们从家庭走向学校。对于青少年来说，不仅仅是身材长高了，而且，他们的知识面和接受信息量增大了，他们的兴趣、爱好也不断增多了，这一切，使他们的自主意识和独立见解能力也大大地增强。由于父母的认识滞后，因而继续把青少年当成孩子看待。于是，父母的过度保护，过多的约束和唠唠叨叨的干预，在父母与子女之间开始出现认识上的差异和矛盾，进而形成所谓的“代沟”。但在长期的共同生活中，青少年仍然离不开母亲的照料、关心、体贴和温存，并从母爱中获得快乐、舒畅、安全和满足。与此同时，他们也进一步加深了对父爱中所渗透着的文化、精神、情操和价值观念的理解，并从中获得刚强、豁达、坚毅和理性。毕竟，母亲的感性之爱和父亲的理性之爱是相辅相成和互补互益的两个方面。现实生活表明：经历了由于认识上的矛盾而发生的一次又一次碰撞、磨合、沟通和理解，在大多数家庭生活中，子女对父母的爱心以及在爱心基础上的孝心，变得更加成熟和理性了。这种对父母的敬爱之心，在北京奥运会体操女子全能冠军、美国选手柳金身上，也得到最好的诠释。在获得金牌后她说：“其实，父母才是这场比赛的最大赢家。”柳金的父母是典型的严父慈母。严厉的父亲就是她的教练。她已经记不清多少次从平衡木上掉下来，又在父亲的呵斥声中站了起来；而母亲总是在她委屈的哭声中安慰她、鼓励她再接再厉。柳金说，是母亲陪伴她度过了最艰苦的时光。当一个人意识到这个世界上有自己可以完全信赖的人，当他(她)不断得到既有母亲的温情体贴，又有父亲的严格要求的爱心呵护时，正是在这个过程中，他(她)同时也在学习和培育自己的爱心，也在营造自己对人生的信赖。这对身心同时处在成长过程中的青少年来说，它的现实意义是不可估量的。

3. 从爱心、孝心到爱祖国、爱人民

中华传统文化是一种伦理文化、道德文化、人文文化。孝道作为一种文化、是中华传统文化的重要组成部分之一。中华民族是一个崇尚孝道的民族，这和一代又一代的中国人注重对孝文化传统进行言传身教密不可分。古人有“修身为本”、“德者为先”的思想，自然也内含着对孝亲敬老的关注。从“教”字的结构看，就是“孝”与“文”的组合，这说明在古人看来，在对人进行教化的过程中，孝文化是最基本、最核心的部分，是源头活水。由于中华传统文化的哺育和影响，历代思想家、哲学家和有识之士，在对子女进行家教的问题上达成共识。有一本由王人恩编著的《古代家训精华》，书中辑录了从秦汉到魏晋，再到唐、宋、元、明、清各代文人著述的“家训”、“家规”、“家诫”，其内容可谓精彩纷呈，形成独具特色的家教文化。比如，西汉时期司马谈的《命子迁》中指出：“夫孝始于事亲，中于事君，终于立身。扬名于后世，以显父母，此孝之大者。”意思是说，孝道是从侍奉双亲开始，中间是侍奉君主，最终是立足于社会。能够扬名于后世，使父母得以显耀，这才是最大的孝。”再如，南北朝颜之推的《颜氏家训》，作者在序言中说：“夫圣贤之书，教人诚孝，慎言检迹，立身扬名，亦已备矣。”意思是说，古代圣贤的书，教导人要诚实孝敬，说话谨慎而行为庄重自持，还要立身扬名于世，已经说得很完备了。其实，只要翻开华夏民族的历史篇章，就不难发现：数千年来，在中华大地上留传下来很多很多的关于父母与子女之间的融融亲情以及由爱心、孝心所结出的爱祖国、爱人民的硕果。举例说，孟母“三迁”的故事，培育出孟子的博学而成为一代大儒；岳母要儿子牢记“精忠报国”的壮志，造就了岳飞为祖国献身的赤胆忠心。有的人单纯从母爱的角度说：没有孟母的精心教养，就没有孟子的辉煌学业；没有岳母的爱国情怀，就没有岳飞的报国忠诚。其实，爱的性质与层次不同，导出的结果也不一样。前面说到的对孩子过分的溺爱，表面上看，也是一种爱的形式，但从结果上看，却是害了孩子。而孟母和岳母之爱不同，她们着眼于孩子长大成人，能成为有益于国家、有益于社会的栋梁之才，这是一种道义之爱、理性之爱。那么，孟母和岳母在教子观念上的远见卓识，又是来自何方呢？显然，应当归功于儒家伦理道德思想的熏陶和影响。

人生在世，早立志，立大志，具有明确的人生理想和价值追求，对青少年来说，是很重要的。正如诸葛亮在《诫子书》中所说的，“夫志当存高远”，一个人的志向应当高尚、远大。“非学无以广才，非志无以成学。”不学习就不能增长才干，没有志向就难以使学习有所成就。志向对一个人来说，意味着精神支柱，而对一个民族来说，就是民族精神。这种民族精神对于中华儿女来说，集中体现在为实现中华民族的伟大复兴的历史使命感和责任感，为社会、为民众的奉献精神，以及在自我主体意识基础上的自强进取精神。从历史上看，华夏先辈已为我们作出了榜样。比如：“天行健，君子以自强不息”的自觉进取精神（周易），“太上有立德，其次有立功，其次有立言”的“三不朽”精神（孔子），“富贵不能淫，贫贱不能移，威武不能屈”的浩然正气和坚贞不屈精神（孟子），“先天下之忧而忧，后天下之乐而乐”的历史使命感和主人翁精神（范仲淹），“人生自古谁无死，留取丹心照汗青”的爱国主义情怀和坚贞不屈精神（文天祥），“鞠躬尽瘁，死而后已”的无私奉献精神（诸葛亮）等等。正是这种中华儿女身上的民族精神，鼓舞着人的斗志，凝聚着人的心灵，激励着人的热情，去迎接挑战，去战胜艰难险阻，去夺取胜利和光明，从而保证了中华民族生生不息地数千年岿然屹立于世界东方。当我们把目光从历史转移到现代来审视中华民族精神的时候，我们发现，这种蕴含在中华儿女身上的民族精神，依然在海内外广大华人身上保持着顽强的生命力，并且在面临挑战的关键时刻能够迸发出来巨大的能量。

2008年5月四川省汶川等地发生了8.5级地震。在地震发生后的几个小时内，党和国家领导人就迅速做出反应，保证了救援工作能在第一时间有效展开。军队、警察立即行动起来，20万志愿者涌向灾区，社会各界捐款捐物与日俱增……美国时代周刊感叹："千百万中国人排起长队捐出鲜血、食品和衣物，13亿人都在奉献爱心。"在灾难面前，中国人的坚强、团结、自信感动了世界。"世界猛然发现了一个在危险时刻闪耀着人性光辉的真实中国。"八月份，北京举办了一届世界公认的成功的奥运会。奥运会使世界对中国和中国对世界都有了更多的了解。国际社会给予了一致好评，有的人还要给中国观众颁发"金牌"。中国人民大学国际关系学院的金灿荣说，北京奥运会的成功，在中国内部，提升了民族凝聚力，也提升了民众对政府的要求。在国际关系中，中国在得到更多的尊敬和认可的同时，国际责任也会更大。总之，北京奥运会不仅给中国人民带来更大的自信，也给全球华人带来更大的自信。这种自信又会提供源源不断的精神动力和能量，在推动中国经济和社会进一步的发展中发挥重大的作用。

孝为人之本分。永远不要忘记父母的养育之恩。我们在父母爱的呵护下长大，也要以自己的爱心回报他们。在父母年轻的时候，这是一种亲情；当他们年老的时候，这份爱就成为我们责任的动力之源。

孝感动天实动人，孝心之爱源于亲。
贫富不忘父母恩，中华孝道立人伦。

附录　中国古代孝文化典籍选读

一、传统孝文化启蒙读物:《孝经》

《孝经》被列为儒家经典"十三经"之一,据说是曾子问孝于孔子,退而和学生们讨论研究,由学生们记载而成。《汉书·艺文志》上说:"夫孝,天之经、地之义、民之行也,举大者言,故曰孝经。"《孝经》作为儒家经典之一,不仅有它的文学和文化价值,更具备了宣扬孝道、净化心灵的精神和社会价值。"孝"是儒家伦理思想的核心,是千百年来中国社会维系家庭关系的道德准则,是中华民族的传统美德,是自古以来学生的必读书。现精选《孝经》有关章节,供大家学习。

【原文】

仲尼居,曾子侍。

子曰:"先王有至德要道,以顺天下,民用和睦,上下无怨。女知之乎?"

曾子避席曰:"参不敏,何足以知之。"

子曰:"夫孝,德之本也,教之所由生也。复坐,吾语女!身体发肤,受之父母,不敢毁伤,孝之始也;立身行道,扬名于后世以显父母,孝之终也。夫孝,始于事亲,中于事君,终于立身。"

——摘自"开宗明义章第一"

【释文】

一天,孔子在家闲坐,他的弟子曾参在一旁陪坐。

孔子说:"古代的帝王有一种崇高至极的品行和道德,使天下人心归顺,人民和睦相处。上自天子,下至庶人,都没有怨恨。你知道吗?"

曾子离开座位,站起来回答:"学生不聪敏,怎么会知道其中的深奥呢。"

于是孔子告诉他："所谓的孝，它是一切德行的根本，也是教化产生的根源。你就座，让我告诉你。人的身体四肢，毛发皮肤，都是父母赋予的，所以你就应当保护自己的身体，不让它受到丝毫的损坏，这就是孝道的开始。一个自强独立的人，一定有一个好人格，这就是立身。他做事情，走正道，不越轨，有始有终，这就是行道。他的德行，不仅为众人所景仰，而且将扬名于后世。这样一来，他父母的声名也因此显赫荣耀起来，这便是孝道的终极目标。这个孝道，最初是从侍奉父母开始，然后效力于国家，最终建功立业，功成名就。"

这段话是《孝经》的纲领、《孝经》的宗旨，开宗明义。

【原文】

子曰："爱亲者不敢恶于人，敬亲者不敢慢于人。爱敬尽于事亲，而德教加于百姓，刑于四海，盖天子之孝也。"

——摘自"天子章第二"

【释文】

孔子说："能够爱护自己父母的人，就不会厌恶别人的父母；能够尊敬自己父母的人，也不会怠慢别人的父母。以亲爱恭敬的心情尽心尽力地侍奉双亲，其德行就会教化黎民百姓，使天下的百姓遵从效法，孝行遍布四海。这就是天子的孝道。"

这段是说：天子行孝，则孝行遍于四海。"上行下效"，至理名言。

【原文】

"资于事父以事母而爱同，资于事父以事君而敬同。故母取其爱，而君取其敬，兼之者，父也。"

"故以孝事君则忠，以敬事长则顺。忠顺不失以事其上，然后能保其禄位而守其祭祀，盖士之孝也。"

——摘自"士章第五"

【释文】

"就是要用侍奉父亲的心情去侍奉母亲，爱心是相同的；再用侍奉父亲的心情去侍奉国君，崇敬之心也是相同的。所以侍奉母亲是用爱心，侍奉国君是用尊敬之心，两者兼而有之的是对待父亲。"

"因此用孝道侍奉国君就忠诚,用尊敬之道侍奉上级则顺从。这样的话,他就能严守忠顺,忠诚于国君和顺从于上级,然后既能保住自己的俸禄和职位,并能守住自己对祖先的祭祀。这就是一般官员的孝道。"

【原文】

"用天之道,分地之利。谨身节用以养父母,此庶人之孝也。"

"故自天子至于庶人,孝无终始而患不及者,未之有也。"

——摘自"庶人章第六"

【释文】

"就是要会利用自然的季节来耕耘收获,以适应天道。认清土地的高下优劣,来种植庄稼,争创收成。要谨慎地保重自己的身体和爱护自己的名誉,要节省开支,以孝养父母。这就是普通百姓的孝道。"

"所以上自天子,下至普通老百姓,孝道是不论尊卑高下的,是无始无终的。如果有人担心尽不了孝,那是绝对不可能的事。"

【原文】

曾子曰:"甚哉,孝之大也!"

子曰:"夫孝,天之经也,地之义也,民之行也。天地之经而民是则之。则天之明,因地之利,以顺天下,是以其教不肃而成,其政不严而治。先王见教之可以化民也,是故先之以博爱而民莫遗其亲,陈之以德义,而民兴行。先之以敬让而民不争,导之以礼乐而民和睦,示之以好恶而民知禁。"

——摘自"三才章第七"

【释文】

曾子惊叹道:"太伟大了,孝道是如此博大高深!"

孔子便进一步说:"孝道犹如天上日月星辰的运行,地上万物的生长,天经地义,是人类最为根本的首要品行。天地间有其自然法则,人类领悟而实行孝道。故圣明的君主应当效法天之明,利用地之利,顺应自然治理天下,所以教化不用去严肃施为而能生效,政治不用去严厉推行而国安。前代的贤明君主,看到教育可以感化人民,因而先倡导博爱,所以民众没有遗弃双亲的人;宣扬仁义道德,因此民众盛行高尚的风气;率先奉行恭敬和礼让,于是民众互相谦让不争。用礼乐教化他们,人民就相亲相爱,和睦相处。告诉人民什么是善恶的行为,人民自然会懂得禁令而不敢违法乱纪。”

这段是说:人不管身居何位,只要身体力行,躬行孝道,就会被民众敬仰。

【原 文】

曾子曰:“敢问圣人之德,无以加于孝乎?”

子曰:“天地之性人为贵。人之行莫大于孝,……父子之道,天性也,君臣之义也。父母生之续莫大焉。君亲临之厚莫重焉。故不爱其亲而爱他人者,谓之悖德;不敬其亲而敬他人者,谓之悖礼。以顺则逆,民无则焉。不在于善而皆在于凶德,虽得之,君子不贵也。”

——摘自“圣治章第九”

【释 文】

曾子又问道:“圣人的德行,就没有比孝道更大的了吗?”

孔子说:“天地万物之中,人类是最为尊贵的,若以人的行为来讲,再没有大过于孝的德行,……父子之情,源于人类天生的本性,这也体现了君臣之间的义理关系。父亲既像君主,又是亲人,有双重感情在里面,没有比这样的感情更厚重的了。所以假如有人不敬爱自己的父母而去敬爱别人,那就叫违背道德。不尊敬自己的父母而去尊敬别人,那就违背礼法。不顺应天理爱敬父母,偏要倒行逆施,民众如何能效法?不是在躬行爱敬的善道上努力,却凭借恶道施为,即使能得一时之志,也会被君子所不齿的。”

【原 文】

子曰:“孝子之事亲也,居则致其敬,养则致其乐,病则致其忧,丧则致其哀,祭则致其严。五者备矣,然后能事其亲。”

“事亲者居上不骄,为下不乱,在丑不争。居上而骄则亡,为下而乱则刑,在丑而争则兵。三者不除,虽日用三牲之养,犹为不孝也。”

——摘自“纪孝行章第十”

【释 文】

孔子说:“孝子侍奉父母亲,居家便尊敬父母,赡养父母便使他们快乐,父母生病要感到忧愁,父母去世要感到哀痛,祭祀的时候要进行得非常严谨。这五者都具备了,然后才能谈侍奉父母亲。”

“侍奉父母亲的人,在上位不骄傲,在下位不犯上作乱,同辈之间而不去争执。在上位骄傲则会失去职务,在下位犯上作乱则有牢狱之灾,同辈之间而争执则有兵戎之乱。如果这三种坏习惯不除去,虽然每日用猪、牛、羊来奉送父母,也称不上孝顺啊。”

【原文】

曾子曰:“若夫慈爱、恭敬、安亲、扬名,则闻命矣。敢问:子从父之令可谓孝乎?”

子曰:“是何言与!是何言与!昔者,天子有争臣七人,虽无道不失其天下;诸侯有争臣五人,虽无道不失其国;大夫有争臣三人,虽无道不失其家;士有争友,则身不离于令名;父有争子,则身不陷于不义。故当不义,则子不可不争于父,臣不可不争于君。故当不义则争之。从父之令又焉得为孝乎!”

——摘自“谏诤章第十五”

【释文】

曾子听孔子讲过各种孝道,就是没有讲到父亲有了过错该怎么办,所以又问道:“像慈爱、恭敬、安亲、扬名这些孝道,已经聆听了您的教诲,但我还想冒昧地问,为人子的只要一味遵从父亲的命令,就能算孝子了吗?”

孔子惊叹道:“这是什么话呢!这是什么话呢!古时,君主有敢于直言相谏的贤臣七名,故天子虽有差错,也不会失去天下。诸侯有谏诤之臣五名,即便自己无道,也不会失掉他的领地。卿大夫有谏诤之臣三名,他虽然偶有失误,也不至于失掉家业。最小的官员有了诤友,他的行为自然会受到规劝,因而保持美好的名誉。为父亲的,若有知书达理、敢于直言力争的子女,自然也就不会陷于不义了。所以当发现了不应当的行为,为子女的,不可不向父亲婉言谏诤;为臣下的,不可不向君主直言谏告。所以臣子遇见君父做了不应当做的事情,必须立即谏诤。若有的子女,不管父亲的命令是否合理,一味听从,他怎么还能算个孝子呢?”

这段是说:对于父亲的命令,不可一味盲从;对于上司的恶行,不可一味姑息,都应秉诚劝告。孝有原则,不能愚孝。

二、《弟子规》选读

下面摘录《弟子规》中的一些话，不是要你照着做，而是让你看看当时的古人是怎样规范学子的言行的，关于孝敬父母、爱护弟妹、文明礼貌、诚信待人的一些要求，直到今天对我们也还有借鉴意义呢。

概述：弟子规原名《训蒙文》，为清朝康熙年间秀才李毓秀所作。其内容采用《论语》学而篇第六条"弟子入则孝，出则悌，谨而信，泛爱众，而亲仁，行有余力，则以学文"的文义以三字一句、两句一韵编纂而成，分为五个部分加以演述。具体列举出为人子弟在家、出外、待人接物、求学应有的礼仪与规范，特别讲求家庭教育与生活教育。后经清朝贾存仁修订改编，并改名为《弟子规》。是中国传统伦理典籍中启蒙养正，教育子弟敦伦尽份、防邪存诚，养成忠厚家风的上佳读物。

总　叙

弟子规　圣人训　首孝弟　次谨信

泛爱众　而亲仁　有余力　则学文

易解：弟子规这本书，是依据至圣先师孔子的教诲而编成的生活规范。首先在日常生活中，要做到孝顺父母，友爱兄弟姊妹。其次在一切日常生活言语行为中要小心谨慎，要讲信用。和大众相处时要平等博爱，并且亲近有仁德的人，向他学习，这些都是很重要非做不可的事，如果做了之后，还有多余的时间精力，就应该好好地学习六艺等其他有益的学问。

入则孝

父母呼　应勿缓　父母命　行勿懒

父母教　须敬听　父母责　须顺承

易解：父母呼唤，应及时回答，不要慢吞吞的很久才应答，父母有事交代，要立刻动身去做，不可拖延或推辞偷懒。父母教导我们做人处事的道理，是为了我们好，应该恭敬的聆听。做错了事，父母责备教诫时，应当虚心接受，不可强词夺理，使父母亲生气、伤心。（君子闻过则喜，小人闻过则怒。）

冬则温　夏则凊　晨则省　昏则定

出必告　反必面　居有常　业无变

易解：侍奉父母要用心体贴，二十四孝的黄香（香九龄），为了让父亲安心睡眠，夏天睡前会帮父亲把床铺扇凉，冬天寒冷时会为父亲温暖被窝，实在值得我们学习。早晨起床之后，应该先探望父母，并向父母请安问好。下午回家之后，要将今天在外的情形告诉父母，向父母报平安，使老人家放心。外出离家时，须告诉父母要到那里去，回家后还要当面禀报父母回来了，让父母安心。平时起居作息，要保持正常有规律，做事有常规，不要任意改变，以免父母忧虑。

事虽小　勿擅为　苟擅为　子道亏

物虽小　勿私藏　苟私藏　亲心伤

易解：纵然是小事，也不要任性，擅自做主，而不向父母禀告。如果任性而为，容易出错，就有损为人子女的本分，因此让父母担心，是不孝的行为。公物虽小，也不可以私自收藏占为己有。如果私藏，品德就有缺失，父母亲知道了一定很伤心。

亲有疾　药先尝　昼夜侍　不离床

丧三年　常悲咽　居处变　酒肉绝

丧尽礼　祭尽诚　事死者　如事生

易解：父母亲生病时，子女应当尽心尽力地照顾，一旦病情严重时，更要昼夜服侍，不可以随便离开。父母去世之后，守孝期间（古礼三年）要常常追思、感怀父母教养的恩德。自己的生活起居必须调整改变，不能贪图享受，应该戒绝酒肉。办理父母亲的丧事要合乎礼节，不可草率马虎，也不可以为了面子铺张浪费，才是真孝顺。祭拜时应诚心诚意，对待已经去世的父母，要如同生前一样恭敬。

出则弟

兄道友　弟道恭　兄弟睦　孝在中

财物轻　怨何生　言语忍　忿自泯

易解：当哥哥姐姐的要友爱弟妹，作弟妹的要懂得恭敬兄姊，兄弟姊妹能和睦相处，一家人和乐融融，父母自然欢喜，孝道就在其中了。与人相处不斤斤计较财物，怨恨就无从生起。言语能够包容忍让，多说好话，不说坏话，忍住气话，不必要的冲突、怨恨的事情自然消失不生。

信

凡出言　信为先　诈与妄　奚可焉

话说多　不如少　惟其是　勿佞巧

奸巧语　秽污词　市井气　切戒之

易解：开口说话，诚信为先，答应他人的事情，一定要遵守承诺，没有能力做到的事不能随便答应，至于欺骗或花言巧语，更不能使用！话多不如话少，话少不如话好。说话要恰到好处，该说的就说，不该说的绝对不说，立身处世应该谨言慎行，谈话内容要实事求是，所谓："词，达而已矣！"；不要花言巧语，好听却靠不住。奸诈取巧的语言，下流肮脏的话，以及街头无赖粗俗的口气，都要避免而不去沾染。

泛爱众

凡是人　皆须爱　天同覆　地同载

行高者　名自高　人所重　非貌高

才大者　望自大　人所服　非言大

易解：只要是人，就是同类，不分族群、人种、宗教信仰，皆须相亲相爱。同是天地所生万物滋长的，应该不分你我，互助合作，才能维持这个共生共荣的生命共同体。德行高尚者，名望自然高超。大家所敬重的是他的德行，不是外表容貌。有才能的人，处理事情的能力卓越，声望自然不凡，然而人们之所以欣赏佩服，是他的处事能力，而不是因为他很会说大话。